Hans Zippert

Deutschland retten

Hans Zippert

Deutschland retten

Fit für die nächste Krise

Unser gesamtes lieferbares Programm und
viele andere Informationen finden Sie unter
www.sanssouci-verlag.de

1 2 3 4 5   14 13 12 11 10

ISBN 978-3-8363-0227-2
© Sanssouci im Carl Hanser Verlag, München 2010
Fotos: Eva-Lotte Andereya
Einbandgestaltung: Hauptmann & Kompanie Werbeagentur GmbH, Zürich
Satz: Fotosatz Reinhard Amann, Aichstetten
Druck und Bindung: Friedrich Pustet, Regensburg
Printed in Germany

Inhalt

Gebrauchsanweisung

Dieses Buch soll Ihnen helfen, mit der nächsten Krise fertig zu werden, die in Kürze erwartet wird. Dazu müssen Sie aber wissen, wie Sie es sachgerecht einsetzen. Wichtig: Das Buch eignet sich zur Bekämpfung aller Arten von Krisen und kann vor allem in folgenden Fällen bedenkenlos eingesetzt werden:

1. Finanzkrise
2. Ölkrise
3. Beziehungskrise
4. Kubakrise
5. Sinnkrise
6. Glaubenskrise

Das Buch ist nur eingeschränkt geeignet bei:

Flugzeugabstürzen
Flutkatastrophen
Weltkriegen
Winterschlussverkäufen
Weltuntergängen (Klasse I–III)

Folgen Sie beim Einsatz des Buches dieser Beschilderung (→).

 Dieses Schild zeigt Ihnen den genauen Standort des Buches an.

Einsatztaktik

Sobald Sie die Krisenbekämpfungshilfe gefunden haben, entfernen Sie die Schutzhülle, nehmen Sie das Buch in beide Hände.

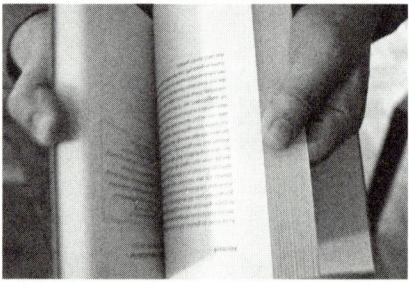

Klappen Sie zuerst den Buchdeckel ruckartig nach links zur Seite. Achten Sie darauf, dass dabei keine Buchstaben herausfallen. Bewegen Sie die Seiten möglichst schnell zuerst von rechts nach links und anschließend von links nach rechts. Stellen Sie das Buch auf »Blättermodus«.

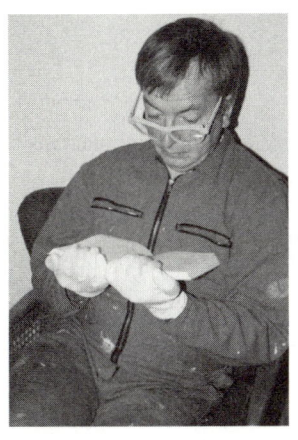

Bei schlechter Sicht oder starker Rauchentwicklung tragen Sie eine Lesebrille.

KRISEN
HERD

Postieren Sie sich gegenüber dem Krisenherd. Windrichtung beachten, immer mit dem Wind vorgehen.

Bei größeren Krisen mehrere Bücher *gleichzeitig* und nicht nacheinander einsetzen.

Sollten Sie den Eindruck haben, die Krise ist beendet, verlassen Sie trotzdem nicht den Krisenherd, sondern warten Sie eine bis zwei Stunden und vertreiben Sie sich die Wartezeit mit Lesen. Wahrscheinlich ist dann schon wieder eine neue Krise entstanden.

Nach der Benutzung des Buches dieses auf keinen Fall an seinen alten Platz stellen, sondern im Fachhandel nachfüllen lassen oder am besten ein neues kaufen und gut sichtbar im Haus installieren.

Krisenkrisen
Von Bad Banks bis Bad Homburg

Bad Bank, 1. → *Luftkurort* im Allgäu in der Nähe der → *Hohen Kante* (928 m). Früher bekannt für → *Sparschweinzucht*. 2. Begriff aus dem → *Landschafts- und Gartenbau*, damit bezeichnet man eine Bank, die sich in einem schlechten oder sogar sehr schlechten Zustand befindet, also als → *Sitzgelegenheit* praktisch unbrauchbar ist. 3. Gekachelte Bank im Schwimmbad, auf der man → *Bademantel* und → *Schwimmbrille* ablegt. 4. Begriff aus dem → *Geldinstitutswesen*. Damit bezeichnet man Banken, die schlecht gearbeitet haben. Eine Bad Bank erkennt man daran, dass man → *Kontoführungsgebühren* bezahlen muss, dass man für sein → *Sparbuch* nur 0,75 Prozent Zinsen bekommt und dass die Sitzgelegenheiten sehr unbequem, wenn nicht gar morsch sind. Und dass die Mitarbeiter immer so falsch (»bad«) lächeln, falls mal der Besitzer eines Gartenbaubetriebs vorbeikommt und einen Kredit zur Sanierung morscher Parkbänke aufnehmen will.

Lexikon der Universalkrisen, Band 1

Weltuntergangskrise

Aus Anlass des Starts von »2012«, dem neuen Film von Roland Emmerich, wies die NASA darauf hin, dass die Erde nach ihren Erkenntnissen nicht am 21. Dezember 2012 mit einem Kleinplaneten namens Nibiru kollidieren wird. Auf eine dringliche Nachfrage des deutschen Wirtschaftsministeriums bestätigte die Weltraumbehörde, dass auch für 2013 kein Weltuntergang geplant sei. Die Bundesregierung zog sich daraufhin zu intensiven Beratungen zurück. Finanzminister Schäuble erklärte am Abend, unter diesem Aspekt seien weitere Steuersenkungen vollkommen unvertretbar. Wäre die Erde dagegen wie geplant nach der laufenden Legislaturperiode untergegangen, hätte man natürlich einige Billiarden Schulden machen können, um die Konjunktur anzukurbeln. Wirtschaftsminister Brüderle sagte, es sei unverantwortlich, den Menschen in Deutschland mit falschen Versprechungen Hoffnungen zu machen, und appellierte an den Regisseur, sich an die Realitäten zu halten. Damit bleiben die Termine für die Winterschulferien 2012/13 in Kraft, genau wie alle Ratenrückzahlungsverträge und der für Sommer 2013 vorgesehene Abstieg des FC Bayern in die 3. Bundesliga.

Umstellungskrise

Die Mehrheit der Deutschen und der Kühe ist gegen die Sommerzeit, trotzdem wird sie dem Volk und dem Vieh jedes Jahr aufs Neue aufgezwungen, ähnlich wie die Mehrwertsteuer, der Solidaritätsbeitrag oder die Milchquote. Weil der volkswirtschaftliche Nutzen immens ist! Der Verkauf von Digitaluhren wird angekurbelt, da kaum jemand weiß, wie man so eine Uhr verstellt, weshalb man sich lieber gleich eine neue kauft. Tausende von hoch qualifizierten Spezialkräften arbeiten daran, die Erde schneller zu drehen, damit wir eine Stunde streichen können. Die Menschen haben ein Gesprächsthema: Wird die Uhr erst vor- und dann zurückgestellt oder umgekehrt? Welche Krankheiten kann das hervorrufen, wie schützt man seine Kinder? Sicher ist, es bleibt abends länger hell, aber die Kühe haben große Probleme und geben weniger Milch. Wenn es morgens später hell wird, zweifeln die Vögel an ihrer inneren Uhr und werfen die Eier aus dem Nest. Goldhamster geben dagegen weniger Milch. Was ist mit dem Fernsehprogramm? Kommt die »Tagesschau« jetzt um 20:00 Uhr oder um 19:00 Uhr? Und was tut die Kanzlerin? Bleibt morgens länger dunkel, aber gibt mehr Milch.

Mumienkrise

Kürzlich fand in Stuttgart eine große Mumienausstellung statt, in Mannheim wurde eine ähnliche Veranstaltung wegen der großen Nachfrage sogar um vier Jahrhunderte verlängert. Beide Präsentationen verzeichneten Besucherrekorde, es bildeten sich lange Schlangen. Viele, denen die Wartezeit zu lang wurde, nahmen einen Service der Museumsleitung in Anspruch, ließen sich noch vor Ort einbalsamieren und gelangten so direkt als Ausstellungsobjekt ins Innere der Museen. Woher kommt eigentlich dieses unerklärliche Interesse an Mumien und am Mumifizieren? Gerade in Deutschland begeistern sich Millionen Bürger für die uralte Methode der Aufbewahrung und Haltbarmachung Verstorbener. Die Gründe dafür sehen Ethnologen in der Zukunftsangst des deutschen Volkes. Viele überlegen, ob sie sich lieber mit dem aktuellen Gehalt und Arbeitsplatz beisetzen lassen sollen, um dann im Falle einer Auferstehung oder Wiedergeburt darauf aufbauen zu können. Hätte man vor Beginn der Finanzkrise seine Aktien mumifizieren lassen, wäre der Wertverfall auch nicht so groß gewesen. Viele Parteifreunde versuchen deshalb Sigmar Gabriel zu einer sofortigen Mumifizierung zu überreden, damit er wenigstens noch mit 20 Prozent Wählerzustimmung und Franz Müntefering als Grabbeigabe einbalsamiert werden kann.

Bergkrise

Der Deutsche Alpenverein leidet an Geldmangel und kann deshalb seine Aufgaben nicht mehr im gewohnten Maße erfüllen. Einzelne Wanderwege mussten bereits geschlossen werden. Auch die beliebten Schilder, mit denen Spaziergänger in die Irre geführt werden sollen, konnten längst nicht mehr überall angebracht werden. Viele Wanderwege werden in Zukunft nur einspurig geführt, es muss deshalb mit Stauungen gerechnet werden. An belebten Alpenpässen sollen Lichtzeichenanlagen den Verkehr regeln. Auch die Unterhaltung bekannter Berggipfel wie der Zugspitze kann nicht mehr gewährleistet werden. Der Berg soll schrittweise bis auf 1500 Meter zurückgebaut oder ganz plattgemacht werden. Zur Diskussion steht auch ein Verkauf an russische Investoren. Die Lage ist ernst, der Alpenverein kann noch nicht einmal mehr Steinböcke, Gämsen und Murmeltiere in den gewohnten Stückzahlen liefern, dafür fehlen die Mittel. Der Alpenvereinspräsident forderte vom Freistaat Bayern einen »substanziellen Beitrag«, denn es sei den Vereinsmitgliedern nicht zuzumuten, in alten, mottenzerfressenen Steinbockkostümen herumzulaufen oder in völlig verstimmte Murmeltierpfeifen zu blasen.

Papierkrise

Wegen der globalen Wirtschaftskrise steht der Altpapiermarkt vor dem Zusammenbruch. Indien und China, die Hauptabnehmer von Altpapier, haben kein Interesse mehr. Bislang wurden deutsche Zeitungen direkt nach der Zustellung in die Altpapiertonne geworfen. Zwei Monate später lasen Chinesen und Inder dann begeistert die alten »FAZ«-Ausgaben und ärgerten sich nur, dass die Sonderangebote von Teppichhändlern und Möbelmärkten nicht mehr gültig waren. Da aber auch die deutsche Papierindustrie kränkelt, müssen wir schon in naher Zukunft unsere Tageszeitungen selber lesen, und das sogar mehrmals. Dann werden alle Ausgaben einer Zeitung am Ende der Woche direkt beim Abonnenten eingesammelt und in der darauffolgenden Woche mit überklebtem Datum erneut ausgeliefert. Konnte man früher ein Buch von Günter Grass nach einer gewissen Schamfrist einfach einstampfen und auf der dadurch entstandenen Papierpampe den neuen Walser drucken, so bleibt der Grass nun mindestens zehn Jahre im Laden liegen und wird nur zur Buchmesse mit einem Sticker aktualisiert: »Endlich! Der neue Grass-Aufkleber ist da! Mit einem Vorwort von Martin Walser.«

Mammutkrise

Einem amerikanisch-russischen Forscherteam ist es erstmals gelungen, große Teile des Erbguts des Mammuts zu entschlüsseln. Bis auf 0,6 Prozent soll es identisch mit dem Genom des Elefanten sein. Aufgrund dieser Informationen will man das Mammut demnächst nachbauen, und zwar bei Opel. Der deutsche Autobauer scheint wie kaum ein anderer dazu geeignet, ein urzeitliches Tier wie das Mammut in Serie zu produzieren. Allein der Standort Rüsselsheim prädestiniert Opel für dieses ehrgeizige Vorhaben. Ein Firmensprecher erklärte, das Mammut stehe symbolisch für zwei Grundbestandteile erfolgreicher Firmenpolitik, in dem Wort seien Mammon und Mut miteinander verbunden. Mut habe man selber genug, Mammon soll das Land Hessen einbringen. Nach offiziellen Berechnungen könnte schon 2011 das erste Mammut in Rüsselsheim vom Band laufen, natürlich mit Hybridantrieb. Das Mammut läuft sowohl mit Wasser als auch mit Gras, eine Füllung reicht bis zu 300 Kilometer. Die CO_2-Werte lassen noch zu wünschen übrig, dafür braucht ein Mammut keine Schneeketten oder Winterreifen und wird serienmäßig mit Seitenaufprallschutz und Stoßzahndämpfer geliefert.

Nobelpreiskrise

Auch die bislang gut betuchte Nobelpreisstiftung leidet unter der Finanzkrise. Ein Teil des Stiftungsvermögens scheint verloren. Preissummen von über einer Million Euro sollen der Vergangenheit angehören. Gerüchten zufolge könnte bereits Herta Müller, die aktuelle Nobelpreisträgerin für Literatur, leer ausgegangen sein. Man habe ihr nur die Fahrtkosten erstattet und einen Verzehrgutschein für das feierliche Bankett im Stockholmer Rathaus ausgestellt. Da hatte sie noch großes Glück, andere Preisträger mussten für das mehrgängige Menü zahlen, ein kurzes Gespräch mit dem als Partymuffel bekannten schwedischen König Carl Gustaf kostete umgerechnet 100 Euro, ein längeres war immerhin für 20 Euro zu haben. Zu einem Eklat kam es, als ein Vertreter des Nobelpreiskomitees versuchte, sich das Preisgeld von Herta Müller zu leihen. Trotzdem äußerten sich alle Preisträger positiv über die Gastfreundlichkeit der Schweden, es habe eine sehr herzliche Atmosphäre in der Jugendherberge geherrscht, und eine spontane Sammlung für Not leidende Nobelpreisträger im Winterquartier habe über 1 000 schwedische Kronen eingebracht.

Walfangkrise

Island hat die Fangquoten für Wale drastisch erhöht. Diese Maßnahme steht im Zusammenhang mit der Finanzkrise, die das
Land praktisch in den Ruin getrieben hat. Damit die Bevölkerung
überleben kann, soll sie sich jetzt wie früher dem Walfang wid-
men. Jedem der 316 000 Einwohner stehen zehn Wale zu, die
er nach Gutdünken ausschlachten und verwerten darf. Island
plant, einen Großteil der Kredite des Internationalen Währungs-
fonds mit Walfischtran zurückzuzahlen. Tran wird auch die neue
Währung des Inselstaates heißen. Als Wal im Sinne der neuen
Fangquoten gelten längliche, schwimmfähige Objekte von wenigstens sechs Meter Länge, aber nicht mehr als 100 000 Brutto-
registertonnen. Kreuzfahrtschiffe und Tanker fallen damit auch
unter die Regelung und gelten als bemannte Wale. Die isländische Regierung versicherte aber, es werde zu keinem Blutbad
kommen, man wolle eventuelle Walpassagiere nur fachgerecht
ausnehmen. Gleichzeitig wurde die Fischereischutzzone Islands
auf 20 000 Seemeilen ausgedehnt. In der Hamburger Einkaufs-
zone wurden daraufhin erste isländische Walfänger gesichtet,
die Jagd auf übergewichtige Mitbürger machten.

Bad-Bank-Krise

Die neue Regierung denkt angestrengt über die Einrichtung von Bad Banks nach, die riskante Kredite von den guten Banken übernehmen und abwickeln sollen. Lange wird man nicht mehr überlegen, denn die Idee hat einfach zu viele Vorteile. Zeitgleich mit den schlechten Krediten könnte man als Erstes die schlechten Kreditgeber, die Sachbearbeiter, Manager und Anlageberater, loswerden. Sie müssten bei den Bad Banks arbeiten, und zwar für richtig schlechte Bezahlung. Das Prinzip könnte sich in allen Bereichen der Gesellschaft durchsetzen. Das dreigliedrige Schulsystem wird abgeschafft, es gibt nur noch Good Schools, ehemals Gymnasium, und Bad Schools, früher Haupt- und Realschule. Wer das nicht will, schickt sein Kind auf die Crazy School, ehemals Waldorfschule. Endlich lässt sich das Leben übersichtlicher und klarer gestalten. Neben Good Restaurants wird es Bad Restaurants geben, wo man ausschließlich verbrannte, verdorbene und versalzene Speisen bekommt. Ganz Radikale wollen gleich das ganze Land aufteilen, aber welcher Teil ist der gute? Man hat nur die Auswahl zwischen BRD, der Bad Republic Deutschland, und SBZ, der Super Bad Zone.

Monatskrise

Auch vor dem Wetter macht die Krise nicht halt. Erschreckende Zahlen teilte der Deutsche Wetterdienst in Offenbach mit: Der Januar war zu kalt, und es gab zu viele Sonnenstunden. In einer ersten Stellungnahme kritisierte der Umweltminister den Monat und sagte, in Zeiten der allgemeinen Klimaerwärmung sei es unverantwortlich, wenn ein Januar einen derartigen Kälteausstoß produziere und Sonnenenergie sinnlos verschwende. Die Kälte habe auch einen verstärkten Einsatz von Streusalz nötig gemacht, wodurch der Blutdruck des Bodens gestiegen sei. Die Regierung werde die Konsequenzen ziehen und keine weitere Betriebserlaubnis erteilen, der Monat wird in der Nacht vom 31. Januar Punkt 0:00 Uhr offiziell vom Netz genommen. Klar ist also, der Staat wird dem Januar keine weiteren Tage zur Verfügung stellen, damit der die schlechten Werte noch verbessern kann. Es soll auch keine Abwrackprämie für den verbrauchten Monat geben, selbst wenn sich der Verbraucher für einen umweltfreundlicheren Neumonat entscheidet. Die Opposition beantragte trotzdem eine Fragestunde und wollte wissen, ob tatsächlich an die Schaffung eines »Bad Calendar« gedacht sei, der schlechte oder verregnete Monate abwickeln soll.

Ankurbelungskrise

Die Abwrackprämie war nur ein Anfang, die Nachfrage nach Neuwagen muss weiter angekurbelt werden, fordern Industrievertreter. In Deutschland hängt ja bekanntlich jeder zweite, wahrscheinlich sogar jeder Arbeitsplatz von der Automobilbranche ab. Der Wirtschaftsminister will deshalb noch in diesem Monat »Anreize« zum Neuwagenkauf schaffen. Ein Gesetzentwurf stellt den Einbau von Ersatzteilen in ältere Autos unter Strafe. Der Betrieb von Sommer- und Winterreifen an ein und demselben Wagen ist verboten, man braucht ein Winter- und ein Sommerauto. Das Verlassen eines Parkhauses ist aus Sicherheitsgründen nur noch mit einem weniger als zwölf Monate alten Fahrzeug möglich. Ab 1. November werden außerdem staatliche Altwageninspekteure auf Streife geschickt, vorzugsweise gegen 3:00 Uhr nachts. Sie sind mit empfindlichen Messgeräten wie Vorschlaghammer und Brecheisen ausgerüstet, und sobald diese Geräte mit einem Wagen in Berührung kommen, der älter als zwei Jahre ist, unterziehen sie Blech, Glas und Chromteile einer eingehenden Prüfung. Wenn man morgens dann vor seinem völlig demolierten Auto steht, ist der Anreiz zum Kauf eines Neuwagens da.

Opelkrise

Bis die Anreize zum Kauf von Neuwagen durch staatliche Altwageninspekteure greifen, will die Regierung die Kfz-Steuer
wegfallen lassen und so die Anschaffung erleichtern. Dabei können immerhin ein paar Hundert Euro gespart werden. Finanz-
experten erklärten allerdings, dass man bis zu 100 000 Euro sparen könne, wenn man sich spontan für kein Auto entscheide. Wer
jetzt keinen Neuwagen kauft, spart neben der Kfz-Steuer auch
Benzin. Besonders dramatisch gestaltet sich die Lage für Opel.
Die Menschen tun sich noch schwerer als sonst, die unansehn-
lichen Fahrzeuge aus Rüsselsheim zu kaufen. Der Verkehrsminis-
ter wies darauf hin, dass viele Bürger ihr Auto weit entfernt von
der Wohnung geparkt hätten. Hier wäre die Anschaffung eines
Opels ideal, um damit den Weg zum eigenen Pkw zurückzule-
gen, der Opel als Shuttle zum richtigen Auto. Der Fahrzeugbauer
arbeitet außerdem an einer völlig neuen Modellreihe, geplant
sind der Opel Schufa, der nach einem halben Jahr automatisch
zum Bankrottplatz fährt, der Opel Ruin mit eingebautem Kon-
kurssystem und der Opel Saldo mit Hartz-Vierzylindermotor.

Geplante Opel-Modelle, die leider niemals gebaut werden

Opel Taliban	2011
Opel Currywurst	2012
Opel Magna	2013
Opel Erpel	2014
Opel Klum	2015
Opel Bärlauch	2016
Opel Berlusconi	2017
Opel Golf	2018
Opel Olpe	2019
Opel Orgasmus	2020
Opel Ombudsmann	2021
Opel Navigator	2022
Opel Popel	2023

(Quelle: GM-Aufsichtsrat)

Mercedeskrise

Nach Opel hat die Krise auch Daimler erreicht. Auf der Hauptversammlung des Konzerns hatte der Daimler-Chef zusätzliche Wände aufstellen lassen, um so viele Teufel wie möglich darauf malen zu können. Den Mitarbeitern versprach er erhebliche Lohneinbußen. Ab 1. Mai muss jeder Arbeitswillige eine Fertigungsstraßenbenutzungsgebühr entrichten, Studenten, Rentner und Arbeitslose erhalten Ermäßigung. Grundsätzlich plant das Unternehmen, die Herstellungskosten zu senken. Man will keine neuen Autos mehr herstellen, sondern alte aufarbeiten. Der Konzern kauft im großen Stil Gebrauchtwagen in Osteuropa, die dann im Werk nur noch mit dem Mercedesstern versehen werden sollen. Möglich ist sogar eine Kooperation mit polnischen Unternehmen, die sich auf Mercedesbeschaffung spezialisiert haben. Nach den Vorstellungen des Aufsichtsrats könnten sie die Wagen gleich im Werk abliefern, wo von Daimler ausgebildete Fachkräfte das ordnungsgemäße Umspritzen und Fahrgestellnummernfeilen übernehmen könnten. Angedacht ist auch eine Partnerschaft mit einem schwedischen Unternehmen. Dann wird der Mercedes als Bausatz ausgeliefert, und Ikea organisiert den Verkauf.

Wackeldackelkrise

Angela Merkel hat von den deutschen Autoherstellern verlangt, das Auto des 21. Jahrhunderts zu bauen. Dieses Fahrzeug muss ohne fossile Brennstoffe aus Verbrecherstaaten wie Russland und Arabien rollen können. So etwas wie ein Gaspedal darf es aus Rücksicht auf die unselige Vergangenheit Deutschlands nicht mehr geben. Zumindest müsste dieses Feature im 21. Jahrhundert den Namen Biogaspedal tragen. Sollte die Finanzkrise anhalten, denkt die Bundesregierung darüber nach, im Zukunftsauto die Rückbank zu verstaatlichen oder eine zusätzliche Bad Rückbank einzubauen. Das Auto der Zukunft braucht eine Handschuhfachbeleuchtung mit Energiesparlampen und Airbags aus Jute, und es wird hochintelligent sein. BMW plant ein Modell, das die theoretische Führerscheinprüfung anstelle des Fahrschülers ablegen und den Bachelorabschluss in Physik und Philosophie schaffen kann. Noch sind die Prototypen aber zu grüblerisch und denken an Kreuzungen stundenlang über die Richtungsentscheidung nach. BMW kündigte auf jeden Fall integrierte Klimaschutzhelme für Fahrer und Beifahrer an. Außerdem wolle man künftig alle Wackeldackel ab Werk im Windkanal auf Stromlinienförmigkeit testen.

Geldgarantiekrise

Die neue Bundesregierung hat die Garantie für alle Einlagen auf Spar-, Termingeld und Girokonten privater Anleger bekräftigt. »Wir sagen den Sparern, dass ihre Einlagen sicher sind«, erklärte Angela Merkel. Damit fand ein quälender Zustand der Ungewissheit endlich sein Ende. Tag für Tag warfen wir angstvolle Blicke auf unsere Einlagen und hofften, dass nichts passiert. Bisher vergeblich. Ständig verschwand auf unerklärliche Weise Geld von unserem Girokonto. Irgendein obskurer »Stromversorger« hatte sich mit unseren sauer verdienten Einlagen versorgt. Die Krankenkasse buchte einfach Geld ab, obwohl wir völlig gesund waren. Das Finanzamt bedrohte uns so lange mit unverschämten Briefen, bis wir freiwillig unser Geld herausrückten. Nein, unsere Einlagen schienen bislang nicht gerade besonders sicher. Unser Girokonto war ein Selbstbedienungsladen für Kapitalvernichter jeder Couleur. Doch damit ist jetzt Schluss. Die Kanzlerin garantiert persönlich für unser Geld. Das Recht auf ein unversehrtes Girokonto wird in die Verfassung aufgenommen, alle Lastschriftverfahren werden eingestellt und das Einzugsermächtigungsgesetz aufgehoben.

Hysteriekrise

Auf die Bundesregierung rollt eine riesige Klagewelle zu. Die Vereinigung der Schweinegrippewellenhysterieopfer fordert 200 Millionen Euro für entgangene Leistungen. Die Betroffenen argumentieren, sie seien von der Regierung systematisch getäuscht worden. Eine Hamburger Familie hatte sich Möbel im Wert von über 40 000 Euro angeschafft. Sie vertraute auf die Zusage des Gesundheitsministeriums, dass besonders ältere Mitbürger betroffen sein würden, und rechnete mit dem baldigen Ableben der Mutter, wodurch genau die benötigte Stellfläche für die neuen Möbel frei geworden wäre. Ein Dortmunder Geschäftsmann hatte bewusst einen Porsche Cayenne gekauft, weil er darauf vertraute, damit über die leeren Straßen der durch die Schweinegrippe entvölkerten Republik fahren zu können. Arglistig getäuscht sieht sich auch ein Angestellter, der eine zehnwöchige USA-Rundreise gebucht hatte. Er plante, seinen Jahresurlaub mit der fest zugesagten Schweinegrippeerkrankung zusammenzulegen. Ein pensionierter Bonner Studienrat wollte in Erwartung seines baldigen Ablebens mal etwas vollkommen Sinnloses tun und abonnierte für ein Jahr die Zeitschrift »Focus«.

Welche Grippewellen sind für die nächsten zehn Jahre fest eingeplant?

Eselgrippe	2011
Okapigrippe	2012
Brathähnchengrippe	2013
Fleischwurstgrippe	2014
Arschlochgrippe	2015
Impfgrippe	2016
Nutellagrippe	2017
Grapefruitgrippe	2018
Fischstäbchengrippe	2019
Privatpatientengrippe	2020

(Quelle: Pharmavertreterkonferenz)

Feierkrise

Einige Veranstalter haben angekündigt, wegen der Finanzkrise Großveranstaltungen wie die »Goldene Kamera« oder das »Goldene Lenkrad« ausfallen zu lassen. Weitere wollen nachziehen, und so werden wohl auch der Deutsche Fernsehpreis und die »Bambi«-Verleihung im nächsten Jahr gestrichen. Marcel Reich-Ranicki hat bereits eine Klage gegen die Entscheidung angedroht, ihm werde damit die Möglichkeit genommen, solche unsäglichen Preise abzulehnen, das sei eine Einschränkung seiner freien Berufsausübung. Der Klage wollen sich andere Prominente anschließen. Viele haben gerade erst neue Silikonfüllungen in Auftrag gegeben, die sie eigentlich bei den nächsten fünf »Goldene-Kamera«-Verleihungen auftragen wollten. Andere haben sich die Lippen frisch aufspritzen lassen und haben nun natürlich keine Öffentlichkeit mehr, in der sie die teilweise sehr bizarren neuen Gesichtswülste präsentieren könnten. Noch andere haben viel Geld in einen zweiten Gesichtsausdruck investiert, der nun nutzlos verfällt. Schauspieler, die sich erst kürzlich auf Kredit das Fett absaugen ließen, befürchten mit Recht, dass man es ihnen wieder einfüllt.

Feiertagskrise

Als ein gelungenes Experiment bezeichneten Vertreter der Bundesregierung die Zusammenlegung von Himmelfahrt, Vatertag und Tag der Arbeit. Der sogenannte Dreifachfeiertag ging in den meisten Orten problemlos über die Bühne. Der Arbeits- und Sozialminister erklärte, eine Himmelfahrt sei ja nun mal kein Vergnügungsausflug, sondern eine ziemlich anstrengende Arbeit, für die aber keine Pendlerpauschale gezahlt werde. Der DGB-Chef wies darauf hin, dass Jesus damals nicht gewerkschaftlich organisiert gewesen sei und es deswegen natürlich besonders schwer gehabt habe. In der Bundesrepublik sei dagegen in den letzten 50 Jahren kein Gewerkschaftsmitglied gekreuzigt worden. Nach den positiven Erfahrungen sollen demnächst auch Weihnachten und Ostern zusammengelegt werden, wogegen die Süßwarenindustrie Bedenken angemeldet hat. Ihr bliebe nicht genug Zeit, unverkäufliche Schokoladenweihnachtsmänner einzuschmelzen und zu Osterhasen umzuformen. Angela Merkel erklärte jedoch, Osternester unter Tannenbäumen sähen sehr stimmungsvoll aus. Die Heiligen Drei Könige bringen dann in Zukunft Eier in drei verschiedenen Geschmacksrichtungen, wie Marzipan, Knickebein und Weihrauch.

Gewissenskrise

In einer Grundsatzrede hat Bundespräsident Köhler in Frankfurt den führenden Bankern feierlich ins Gewissen geredet. Er ermahnte sie, sich ihrer Verantwortung für die Finanzkrise zu stellen, und forderte eine grundlegende Erneuerung des Bankengewerbes. Anschließend erklärten die Banker, die Rede von Köhler habe sie sehr beeindruckt, es sei ihnen die ganzen Jahre über nicht klar gewesen, welche Verantwortung sie eigentlich trügen. In der Firma habe ihnen niemand etwas davon gesagt. Da sei es immer nur um Geld gegangen. Einige führende Banker warfen sich sogar weinend auf den Boden und schluchzten, wenn sie das doch alles bloß früher gewusst hätten, wäre es niemals so weit gekommen. Sie versprachen dem Bundespräsidenten in die Hand, das Bankengewerbe sofort und grundlegend neu zu ordnen. Viele führende Banker riefen sofort nach der Veranstaltung im Büro an, damit ihre Sekretärin mal nach dem Gewissen suchen sollte, das sie irgendwann mal irgendwo abgelegt hatten. Die meisten Banker wollten sich sofort von ihrem schlechten Gewissen (»Bad Conscience«) trennen und ließen sich gleich bei eBay ein fast neues, möglichst reines Gewissen besorgen.

Überweisungskrise

Welche Lehren lassen sich aus den Vorgängen im Bankensektor ziehen? Vor allem diese: Man sollte niemals übereilt oder unbedacht eine Überweisung tätigen. Ganz besonders sorgfältig muss man es sich überlegen, größere Beträge an ein Geldinstitut zu transferieren, da heutzutage immer die Gefahr besteht, dass das Unternehmen schon am nächsten Tag pleite ist. Es gilt auf jeden Fall als Alarmsignal, wenn Ihre Bank irgendwelche Zinsen von Ihnen haben will. Erkundigen Sie sich genau, wofür die das Geld eigentlich brauchen, und fragen Sie bei der Gelegenheit mal nach, ob am nächsten Tag überhaupt noch geöffnet ist. Lassen Sie sich ruhig einmal im Monat die Liquiditätsreserven Ihrer Bank vorführen und kontrollieren Sie, ob das Geld, das Sie freundlicherweise dort deponiert haben, auch wirklich noch vorhanden ist. Geben Sie sich nicht mit irgendwelchen Kontoauszügen zufrieden, lassen Sie sich das echte Geld zeigen! Und bevor Sie Ihren sauer verdienten Lohn in den Orkus einer Bank pumpen, erkundigen Sie sich nach der Kreditwürdigkeit des betreffenden Instituts, holen Sie eine Schufa-Auskunft ein.

Verantwortungskrise

Nicht nur der Banker, auch der Verbraucher ist in diesen schweren Zeiten naturgemäß verunsichert. Er trägt eine ungeheure Verantwortung und zweifelt, ob er ihr jemals gerecht werden kann. War es tatsächlich so gut, die Abwrackprämie vom deutschen Staat in Anspruch zu nehmen und sich damit einen japanischen oder koreanischen Kleinwagen zu kaufen? Rettet man mit dem Kauf eines Opels denn nicht nur deutsche Arbeitsplätze, sondern auch vollkommen unfähige amerikanische Manager? Wäre es also nicht sinnvoller, sich bei Volkswagen den Phaeton W12 4Motion zu bestellen und dafür einen Kredit von 120 000 Euro bei einer guten deutschen Bank zu guten überhöhten Zinsen aufzunehmen? Oder bringt man die Bank damit unter Umständen an den Rand des Bankrotts, weil sie da so viel Geld gar nicht haben und auch nicht wissen, wo sie das so schnell herkriegen sollen? Wäre es nicht noch viel sinnvoller, seine Wohnung zu verkaufen und bei der Bank ein gutes deutsches Sparbuch mit 120 000 Euro Guthaben und 0,4 Prozent Zinsen anzulegen, um sich anschließend das Geld mit 12 Prozent Zinsen zu leihen? Man kann ja dann im Phaeton wohnen und den Kofferraum untervermieten.

Krisenkrise

Laut einer offiziellen Erklärung der Commerzbank ist die Krise seit genau 48 Stunden beendet. Viele Bürger äußerten sich enttäuscht, weil sie bisher gar keine Möglichkeit hatten, an der Krise teilzunehmen. Politiker der Oppositionsparteien kritisierten ebenfalls, dass die Krise bei vielen noch nicht angekommen sei, man müsse die Menschen aber auch in Krisenzeiten da abholen, wo sie stehen. Die Bundesregierung wertete dagegen die Krise als vollen Erfolg. Man habe ungeheure Mittel in noch nie da gewesenem Umfang in die Veranstaltung gepumpt, und dieses Geld sei gut angelegt. Keine andere Maßnahme der Regierung habe ein so gewaltiges mediales Echo gefunden wie die Krise, betonte der ehemalige Wirtschaftsminister zu Guttenberg. Er selber wäre ohne die Krise niemals zu seinem Posten gekommen und hätte auch nie so beliebt werden können, gab er zu. Psychologen warnen dagegen vor den Folgen eines plötzlichen Endes der Krise, denn Tausende von Journalisten sähen dadurch keinen Sinn in ihrem Dasein mehr und würden depressiv. Mediziner forderten die Regierung deshalb auf, so schnell wie möglich eine neue Krise herbeizureden.

Welche Krise kommt nach der Bankenkrise?

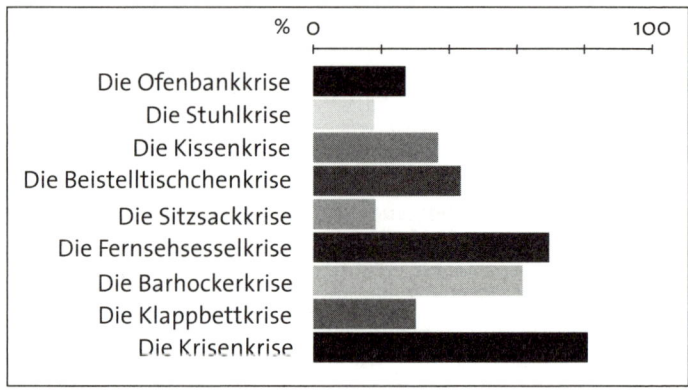

(Quelle: Fatimas Kristallkugel, bewährt seit 1969)

Medizinkrisen
Von Ärzten, Opern und Solarien

Schweinegrippeschutzimpfung, *die,* Maßnahme der → *Bundesregierung* zur → *Qualitätssicherung* der deutschen → *Bevölkerung*. Bei der → *Schweinegrippe* handelt es sich um die furchtbarste Seuche seit der → *Pest*. Etwa 20 Millionen Bundesbürger sollen daran sterben. Das Gute: Es trifft nur die Richtigen (→ *Hartz-IV-Empfänger*, → *Rentner*, durch chronische Krankheiten Geschwächte, Bargeldlose und Schlechtverdienende), die dann dem besser verdienenden Teil des Landes nicht länger zur Last fallen. Da man aber nicht weiß, ob die Schweinegrippe überhaupt tödlich genug ist, wird ein Teil der Schutzimpfungssubstanz mit starken → *Nebenwirkungen* ausgestattet. → *Schweine* werden nicht geimpft, zur → *Strafe*, weil sie diese Grippe angezettelt haben. Wer → *Sexualkontakte* mit Schweinen hatte, kann sich mit Schweinegrippe anstecken. Briefkontakt mit Ferkeln ist dagegen unbedenklich. Man sollte auch große → *Schweineansammlungen* meiden. Wer für das → *Schweinesystem* arbeitet, sollte sich vor und nach schmutzigen Geschäften die Hände gründlich waschen. → *Experten* sind sicher: Grundsätzlich kann man die Schweinegrippe → *sogar* mit Schutzimpfung überleben.

Lexikon der Ärztewitze, Band 7

Waschmedizin

Häufiges Händewaschen kann helfen, eine Ansteckung mit der Schweinegrippe zu vermeiden. Der Präsident der Ärztekammer Berlin erklärte, Händewaschen und das Tragen eines Mundschutzes seien effizienter als die Einnahme von Medikamenten. Wer beim Händewaschen einen Mundschutz unzerkaut schluckt, macht zwar nichts falsch, aber es hilft auch nichts und schmeckt außerdem scheußlich. Wir werden in Zukunft häufiger Menschen mit Mundschutz und einem Handwaschbecken im Schlepptau begegnen, denn man kann die Hände gar nicht oft genug waschen. Es müssen nur die eigenen sein. An allen öffentlichen Plätzen sowie in Kneipen, Cafés und Restaurants werden Handwaschbecken aufgestellt, damit Menschen dem verstärkten Handwaschbedürfnis Folge leisten können. Designer arbeiten an tragbaren Handwaschbecken, die man vor den Bauch hängen kann. Ist man gezwungen, die Hand eines anderen Menschen aus begrüßungstechnischen Gründen zu berühren, kann der unhygienische Vorgang direkt im tragbaren Handwaschbecken stattfinden. Wichtig ist die Reihenfolge, es nützt nämlich überhaupt nichts, den Mundschutz zu waschen und das Handwaschbecken zu schütteln.

Welche Nebenwirkungen kann eine Grippeimpfung haben?

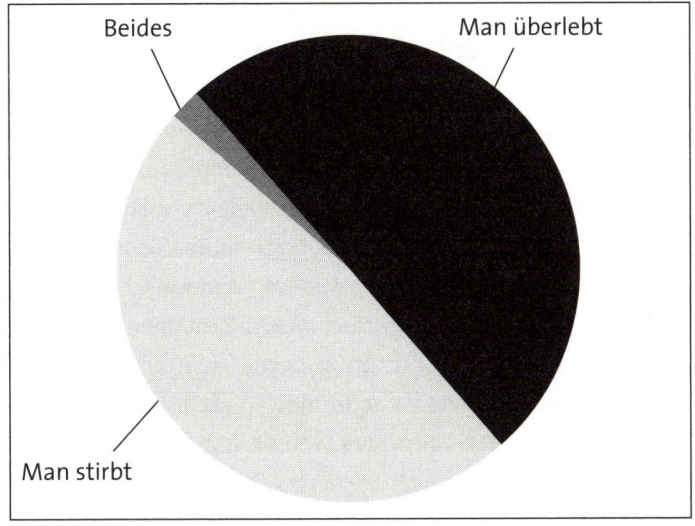

Beides

Man überlebt

Man stirbt

(Quelle: Apotheken-Umschau)

Schweinesystemmedizin

Laut einer Information des Robert-Koch-Instituts gibt es wöchentlich 15 000 neue Fälle von Schweinegrippe. Das bedeutet, in einem Jahr wären es 780 000, in zehn Jahren 7,8 Millionen, und damit hätte in nur 100 Jahren die gesamte deutsche Bevölkerung die Schweinepest, quatsch, die Schweinegrippe natürlich. Eine schaurige Vorstellung, die wir uns genauer ansehen wollen. Schweinegrippe wäre also in 100 Jahren der Normalzustand, eine schweinegrippale Infektion würde mit Gesundheit gleichgesetzt und nicht mehr behandelt. Wer keine Schweinegrippe hat, gilt als gesellschaftlicher Außenseiter und ist von einer Karriere im Staatsdienst ausgeschlossen. Ehen zwischen Grippekranken und Ungrippigen werden von den Kirchen nicht vollzogen. Der Papst weist in mehreren Osteransprachen darauf hin, dass Jesus ja auch in einer Grippe zur Welt kam. Es herrscht Grippenzwang. Die Temperatur eines Durchschnittsdeutschen beträgt durchschnittlich 39,1 Grad. Wadenwickel von Joop (Kollektion Wundergrippe) sind der letzte Schrei. Das deutsche Volk ist total überhitzt und muss wegen Verstoßes gegen geltende Klimaabkommen abgeschaltet werden.

Ausblasmedizin

Das Bundesinstitut für Risikobewertung (BfR) hat zur Vorsicht beim Ausblasen von Ostereiern gemahnt. Auf den Eiern könnten Salmonellen und andere Keime vorkommen, erklärte das BfR in Berlin. Vor allem Kinder seien gefährdet. Das Institut empfiehlt, die Eier mit einem dünnen Strohhalm oder einer Einwegspritze mit Kanüle auszublasen. Nun hat leider nicht jedes Kind heroin- oder kokainabhängige Eltern, die immer solche Spritzen und Strohhalme bereithalten. Am sichersten ist es nach Erkenntnissen von Risikoforschern, die Eier zunächst zehn Minuten im kochenden Wasser zu desinfizieren, danach zu pürieren und erst anschließend auszublasen.

Nach dem Ausblasen sollten die Eier unbedingt mit lauwarmem Wasser und Spülmittel gereinigt werden, empfiehlt das Institut für Risikobewertung. Dabei könne es allerdings zu Kalkablagerungen auf der Spülbürste kommen. Eltern müssten außerdem eine genaue Lagekarte von den versteckten Osternestern anfertigen. Das Risiko sei sonst zu groß, dass einige Verstecke von den Kindern nicht gefunden und verfaulte Eier den Boden kontaminieren würden. Ostern und Weihnachten sind übrigens die bedeutendsten Ausblasfeste des Jahres: Ostern bläst man die Eier und Weihnachten die Kerzen aus.

Voodoomedizin

Einer Umfrage zufolge genießen Ärzte in der deutschen Bevölkerung das höchste Ansehen. Zu Recht, denn selbst ohne akute Epidemien leisten Ärzte schon Unglaubliches. An der Essener Uniklinik haben beispielsweise Mediziner aus China und Osteuropa ohne Zulassung operiert. Ihre deutschen Kollegen rechneten die Eingriffe dann als eigene Leistungen ab. Die meisten Patienten haben die Eingriffe überlebt und keinen Unterschied gespürt. Man fragt sich dennoch, woran man eigentlich merkt, ob man gerade schwarz oder regulär operiert wird? Wenn die Krankenschwester die einzelnen Körperteile in einer fremden Sprache beschriftet und der Arzt vor, während und nach der Operation hektisch in einem Wörterbuch blättert, dann könnte es sein, dass man es mit einem kirgisischen Schwarzarbeiter zu tun hat. Kommen Stäbchen als Operationsbesteck zum Einsatz, könnte ein chinesischer Arzt ohne Zulassung am Werke sein. Wird der OP-Saal durch Fackeln beleuchtet und Krankenschwestern und Anästhesisten schlagen wie in Trance auf Trommeln ein, während der Oberarzt ein Huhn opfert, dann kommt man gerade in den Genuss einer äußerst effektiven Bypass-Operation, durchgeführt von haitianischen Spezialisten mit Voodoo-Zusatzausbildung.

Opernmedizin

Angesichts des breit gefächerten Programms an ärztlichen Leistungen überrascht es nicht, dass die Deutschen von allen Europäern am häufigsten zum Arzt gehen. Sie gehen sogar häufiger zum Arzt als ins Kino oder in die Oper. Dabei sind in der Oper die Kostüme viel aufwendiger, und die Musik klingt teilweise erstaunlich hochwertig. Zwar ist die Eintrittskarte in der Oper teurer als die Praxisgebühr, dafür dauert die Behandlung manchmal mehr als vier Stunden. Trotzdem gehen die Menschen lieber zum Arzt. Liegt es vielleicht auch daran, dass man in der Oper keine Überweisungen zum Schauspiel oder ins Ballett bekommt? Der Arzt setzt sich weder wilde Perücken auf noch kleidet er sich wie Ludwig XIV., sondern hüllt sich in einen schlichten weißen Kittel und hört sich mit dem Stethoskop den Herzschlag von Patienten an, ohne dafür GEMA-Gebühren zu zahlen. Ärzten kann man sogar ohne Aufpreis unansehnliche Körperteile wie Knie und Ellenbogen zeigen. Bereitwillig und kostenlos erduldet der Arzt das Gejammer von Besuchern, während man als Opernbesucher das Gejammer von Sängern für teuer Geld erdulden muss. Besonders negativ: In Opern sterben am Ende oft sehr viele Menschen, wogegen man einen Besuch beim Arzt häufig überlebt.

Fehlermedizin

Trotz der insgesamt hohen Wertschätzung der Ärzte in Deutschland klagen immer mehr Patienten über ärztliche Behandlungsfehler. Über 2 000 Fälle wurden aktenkundig. Häufigste Beschwerde: Nach sogenannten Operationen fehlen plötzlich wichtige Organe wie Nieren, Lungenflügel, Blinddarm oder Mandeln. Auf Nachfrage wird dann häufig erklärt, das habe alles »raus«gemusst. Der Verdacht eines illegalen, schwunghaften Blinddarmhandels mit China konnte bisher aber nicht erhärtet werden. Trotzdem sind Krankenhauskunden grundsätzlich misstrauisch geworden und sehen im Arzt weniger den Heiler als den Organzwischenhändler. Viele Chirurgen sind allerdings einfach schlecht ausgebildet, kommen mit dem Innereiendurcheinander nicht klar und versuchen sich durch Organentnahme erst mal Platz und Überblick zu verschaffen. Viele Eingriffe erweisen sich zudem als überflüssig, beispielsweise ein Belastungs-EKG der Patientenkreditkarte. Äußerst umstritten ist auch der medizinische Wert von künstlichen Blinddarmausgängen, Gallensteintransplantationen, indirekter Leberbeleuchtung, teflonbeschichteten Hüftgelenkpfannen und Schrittmachern, die den Empfang von Premiere verbessern sollen.

Kassengesellschaftsmedizin

Nach Ansicht von Gesundheitsexperten ist Deutschland keine Zweikassengesellschaft. Es gibt nämlich Hunderte von Kassen, und Angehörige verschiedener Kassen dürfen nicht untereinander heiraten. Mitglieder der AOK-Kasse gelten sogar als Unberührbare und müssen außerhalb der Villenviertel leben. Gesetzlich Versicherte warten außerdem viel länger beim Arzt als Privatpatienten. Kassenpatienten wird deshalb empfohlen, sich vier Monate vor Beginn einer Krankheit einen Termin zu holen, damit die Beschwerden auch noch da sind, wenn sie beim Arzt sitzen. Während der Arzt den gesetzlich Versicherten mit einem kurzen, knappen Befund wie »Grippe, Krebs, Durchfall« abspeist, erfahren Privatpatienten auch den lateinischen Namen der Krankheit, erhalten ein vom Arzt signiertes Röntgenbild und können eine DVD ihrer Darmspiegelung mit nach Hause nehmen. Der Arzt liefert auf Wunsch auch eine getanzte und gesungene Diagnose. Anschließend verabreichen leicht bekleidete junge Arzthelferinnen dem Patienten die jeweilige Medizin und ein Gläschen Champagner zum Hinunterspülen. Privatpatienten werden von frisch gewaschenen, ausgeruhten und nicht vorbestraften Ärzten operiert, während viele Kassenpatienten sterben müssen, ohne jemals eine echte Krankheit zugeteilt bekommen zu haben.

Zusatzmedizin

Gesetzlich Versicherte bekommen in Arztpraxen immer häufiger Zusatzleistungen angeboten, die nicht von den Krankenkassen bezahlt werden. Der Bundesverband der Allgemeinen Ortskrankenkassen hält viele dieser Angebote für überflüssig. In der Tat ist es schwer einzusehen, warum Gynäkologen Maklerleistungen anbieten und jungen Paaren Immobilien vermitteln wollen. Immer öfter verlassen Frauen die Praxen mit dem Ergebnis ihres Schwangerschaftstests und einem Kreditvertrag für ein Reihenendhaus. Sehr häufig hört man auch von Psychologen, die schizophrenen Patienten zwei Abos der gleichen Zeitschrift angedreht haben. Allerdings ist es durchaus nützlich, wenn man beim Internisten die Rotorblätter seines Rasenmähers nachschleifen lassen und Ersatzklingen für den Nassrasierer kaufen kann. Dass Hautärzte über Tätowierstudios verfügen, gilt als Standard. Langsam bürgert es sich auch ein, dass jeder Hausarztpraxis ein Reisebüro angegliedert ist: damit man zur Gelbfieberimpfung die passende Reise buchen kann. Es ist auch wenig dagegen einzuwenden, wenn der plastische Chirurg noch mal kurz die Winterreifen auswuchtet, die Karosserie ausbeult und falls gewünscht sogar neu lackiert.

Hebebühnenmedizin

Droht neben der Zweiklassen- nun die Zweigeschlechtermedizin? Die DAK kommt in ihrem Gesundheitsreport zu dem Ergebnis: Männer sterben im Schnitt sechs Jahre früher und trinken mehr Alkohol als Frauen. Es ist natürlich nicht schön, dass so viele Männer durch Schnittverletzungen sterben, aber andererseits auch nicht verwunderlich. Der erhöhte Alkoholkonsum lässt sich ebenfalls einfach erklären, denn Männer müssen in der ihnen verbliebenen kürzeren Lebenszeit einfach mehr und schneller trinken als Frauen. Die DAK fasst zusammen: »Männer bringen lieber ihr Auto zum TÜV, als sich selbst zur Vorsorge anzumelden.« Ärzte wollen sofort auf die neuen Erkenntnisse reagieren. Männer sollen sich in den Vorsorgepraxen demnächst auf eine Hebebühne legen können und werden dann von einem ölverschmierten Facharzt abgeklopft. Der untersucht die Bremsbacken und überprüft, ob der Mann irgendwo undicht ist. Findet der Prüfer keine gravierenden Mängel, bekommt der Mann ein TÜV-Siegel auf die Stirn geklebt und hat für zwei Jahre Ruhe. In dieser Zeit kann er dann auch nicht sterben, es sei denn durch Unfall oder Materialfehler. Ein Krankenkassensprecher betonte, eine gültige TÜV-Plakette erhöhe auch den Wiederverkaufswert des Mannes.

Prämienmedizin

Krankenhäuser zahlen Prämien an Ärzte für die Einweisung von Patienten. Pharmafirmen bieten Geld oder Sachwerte, wenn Ärzte ein bestimmtes Mittel verschreiben. Wenn zu solch unlauteren Methoden gegriffen wird, muss man davon ausgehen, dass die Deutschen ungewöhnlich, ja geradezu erschreckend gesund sind. Sie haben einfach nichts, und deshalb müssen Krankenhäuser und Arzneimittelhersteller den Ärzten Anreize bieten, damit die irgendetwas finden. Es scheint eine Tatsache zu sein, dass die meisten Patienten in Krankenhäusern eigentlich gesund sind. Sie werden nur aufgeschnitten, weil die Ärzte doch noch hoffen, eine Krankheit zu entdecken, und weil es Prämien für die Benutzung bestimmter Skalpelle und OP-Kittel gibt. Echte Kranke werden zu Höchstpreisen gehandelt, und die Krankenhäuser versuchen, sie sich gegenseitig abzujagen. Pharmafirmen locken mit Transistorradios oder elektrischen Brotschneidemaschinen, wenn Ärzte ihre Pillen in den Kranken füllen. Angeblich wurden sogar Abwrackprämien für bereits ausgeschlachtete Patienten gezahlt, wenn der Arzt dafür dem Krankenhaus einen neuen mit einem kompletten Organsatz lieferte.

Abwrackmedizin

Das Statistische Bundesamt verzeichnete für das Jahr 2008 mehr Sterbefälle und weniger Geburten. Die Familienministerin zeigte sich überrascht von diesen Zahlen und sucht jetzt nach Erklärungen. Anscheinend war der Anreiz zu sterben bereits im Jahr 2008 größer als der Anreiz, auf die Welt zu kommen. Es ist davon auszugehen, dass die Daten für 2009 diesen Trend bestätigen werden. Das könnte erst mal daran liegen, dass das Sterbegeld oft höher als das Kinder- oder Elterngeld ausfällt. Menschen, die sich zum Sterben entschließen, erwartet außerdem je nach Vereinszugehörigkeit irgendeine Art von Paradies. Während auf Menschen, die sich zur Geburt durchringen, nur eine CDU/FDP-regierte Welt wartet, deren Paradiesqualität doch sehr dürftig ist. Kinderpsychologen empfehlen Frauen, die schwanger werden wollen, auf keinen Fall Bilder von Kabinettsmitgliedern zu betrachten. Nur 675 000 Kinder kamen im Jahr 2008 auf die Welt, dagegen wurden in nur drei Monaten über eine Million Abwrackprämien beantragt. Wahrscheinlich würden sich also viel mehr Menschen für ein Neukind entscheiden, wenn sie die alten, verzogenen Gören mit Gewinn loswerden könnten.

Gemüseanteil von FDP-Politikern

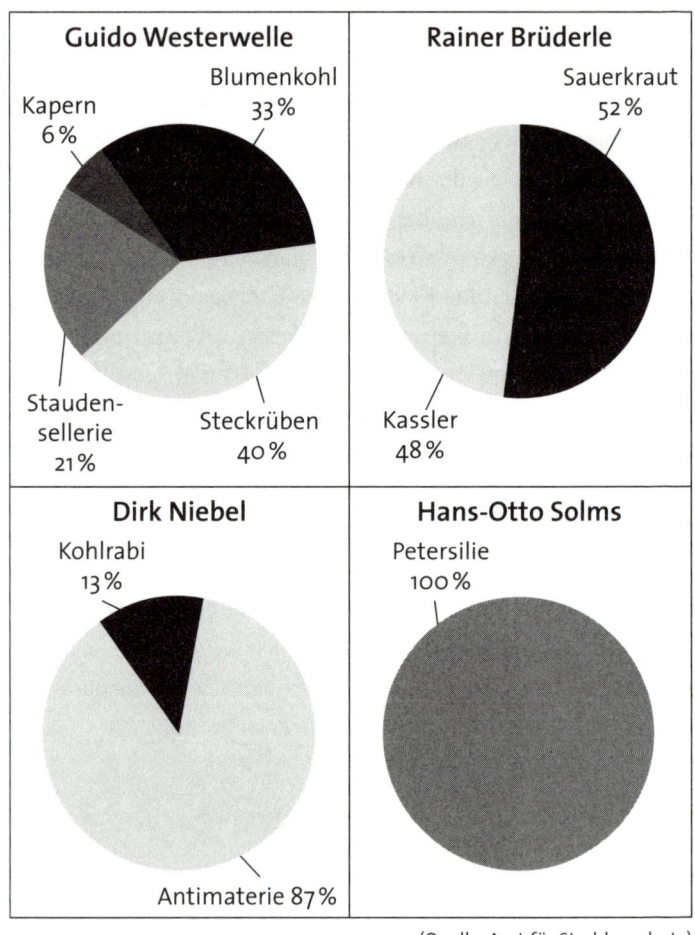

Guido Westerwelle

Kapern
6%

Blumenkohl
33%

Stauden-
sellerie
21%

Steckrüben
40%

Rainer Brüderle

Sauerkraut
52%

Kassler
48%

Dirk Niebel

Kohlrabi
13%

Antimaterie 87%

Hans-Otto Solms

Petersilie
100%

(Quelle: Amt für Strahlenschutz)

Rauchermedizin

Übergewichtige und Raucher kosten das Gesundheitssystem weniger Geld als schlanke Nichtraucher, denn die belasten aufgrund ihrer höheren Lebenserwartung die Kassen viel länger. Diese Erkenntnis verdanken wir einer Studie der Zeitschrift »Bild der Wissenschaft«, und damit dürfte endlich Schluss sein mit dem allgemein grassierenden Gesundheitswahn. Fabriken von nordischen Gehstöcken, Fitness-Studios und Energydrink-Abfüllanlagen werden schließen müssen. Das neue Ideal ist der fette, rauchende Alkoholiker, der sich schon mit Mitte 50 aus der Solidargesellschaft verabschiedet und keinem mehr auf der Tasche liegt. Weder den Kranken- noch den Rentenkassen. Außerdem räumt er auch noch vorzeitig seinen Arbeitsplatz, der dann wieder Jüngeren zur Verfügung steht. So geht es also auch. Jede Minute, die wir bewegungslos, aber Chips essend vor dem Fernseher verbringen, kommt unseren Kindern und Enkeln zugute. Jede Zigarette entlastet das Gesundheitssystem. Krankenkassen reißen sich jedenfalls um potenzielle jugendliche Selbstmörder und übergewichtige Kinder.

Depressionsmedizin

Zu den unterschätzten Volkskrankheiten zählt neben dem Rauchen die Depression. Nach dem erschütternden Fall des Fußballers Robert Enke glauben Psychologen, man müsse sich jetzt große Sorgen um die SPD machen. Die früher so starke und vitale Partei ist erkennbar depressiv geworden. Sie fühlt sich vom Wähler nicht mehr anerkannt und schon gar nicht geliebt. Das macht der einstmals lebenslustigen Partei zu schaffen. Der Erfolgsdruck wurde mit jeder Wahl größer, und es wuchs natürlich auch die Angst, es nicht zu schaffen. Nach außen hin präsentiert man sich mit spaßigen Figuren wie Sigmar Gabriel oder Andrea Nahles, doch wie es innen aussieht, weiß eigentlich niemand. Nicht einmal die engsten Angehörigen und Wähler machen sich ein Bild von der Zerrissenheit der Partei. Den Parteitag wollte man erst unter das Motto stellen: »Mehr Depression wagen«, dann entschied man sich für »Sozialdemokratische Partei Deutschlands« – eine hilflose Gedächtnisstütze. Doch wie soll es weitergehen? Muss sich die SPD von Bahnübergängen fernhalten? Sollte Sigmar Gabriel sich auf die Couch legen? Und welche Couch hält das aus?

Brokkolimedizin

Liest man in der Überschrift einer Meldung: »Kohl verhindert Tumorwachstum«, ist man zunächst doch etwas verblüfft. Nachdem er schon die Mauer zerstört hat, besiegt er nun auch Krebszellen? Wer hätte das dem Altkanzler noch zugetraut? Es geht aber nicht um Helmut, sondern um Brokkoli. Wissenschaftler haben jetzt festgestellt, dass dieses vorbildliche Gemüse den höchsten Anteil an Isothiocyanaten enthält, die eindeutig tumorhemmende Eigenschaften haben. Von einer einfachen Sättigungsbeilage wandelte sich der Kohl zu einem hochwirksamen, rezeptpflichtigen Medikament. Brokkoli gibt es bald nur noch in der Apotheke, und natürlich wird er ausschließlich von staatlich geprüften Onkologen verabreicht. Immerhin übernehmen die Krankenkassen die Kosten der Brokkolibehandlung, Sie müssen nur einen Eigenanteil von 50 Gramm selber zahlen. Der Aufstieg des Kohls wird nicht mehr zu bremsen sein. In den Wellness-Anlagen dieser Welt werden Brokkoli-Aroma-Grotten errichtet, wir schwimmen in hochkonzentriertem Brokkolisud, laufen über glühende Kohlköpfe, und anschließend traktieren uns Brokkolimönche mit tibetanischer Kohlkopfmassage.

Welches Gemüse sollte Ihrer Meinung nach wählen dürfen?

Kohlrabi	22 %
Schwarzwurzeln	21 %
Erbsen	18 %
Fischstäbchen	14 %
Kreuzkümmel	14 %
Brokkoli	12 %
Paprika	8 %
Kleingemüse	3 %

(Quelle: Forsa-Umfrage)

Ostgewichtsmedizin

Nach einer Studie des Stuttgarter Instituts für rationelle Psychologie leben die dicksten Deutschen in Ostdeutschland, genauer gesagt in Thüringen. Wenn man diese Meldung liest, fragt man sich als Erstes, was das für ein merkwürdiges Institut ist, aber man fragt sich natürlich hauptsächlich, warum die Menschen im Osten eigentlich so dick sind. Erklärungsversuch: Sie mussten lange Jahre der Entbehrung kompensieren und im Rekordtempo 50 Jahre kapitalistische Ernährung aufarbeiten. Da kann die schlanke Linie auf der Strecke bleiben. Doch die ostdeutsche Fettleibigkeit lässt sich vor allem evolutionär erklären: Der Lebensraum der Ostdeutschen ist immer noch so groß wie vor 20 Jahren, wird aber von viel weniger Exemplaren als damals bewohnt. Potenzielle Fressfeinde, vor allem aus Osteuropa, könnten nun mit Macht in diese ökologische Nische drängen. Doch der Ostdeutsche entwickelte eine bewundernswerte Strategie, um sich vor der Bedrohung zu schützen. Er vergrößerte einfach seinen Körperumfang, ein Ostdeutscher sieht jetzt aus wie zwei. Die Zahl der Ostdeutschen hat faktisch zwar abgenommen, ihr Kampfgewicht ist aber weitaus größer als vor 20 Jahren.

Aufspritzmedizin

Ärzte äußern sich besorgt über Schönheitsoperationen, Tätowierungen und Piercings bei Minderjährigen. Aber geht es heutzutage eigentlich noch ohne? Praktisch 80 Prozent aller im Privatfernsehen auftretenden Personen haben sich Altmetall an den Körper tackern lassen oder ihn mit merkwürdigen Zeichen beschriftet. Bei »Richterin Barbara Salesch« oder »Deutschland sucht den Superstar« kann man die handelnden Personen nur an den verschiedenen Tattoos auseinanderhalten. Das sogenannte seriöse Fernsehen schreckt noch vor dem massiven Einsatz dieser Körpermarkierungen zurück. Dabei wäre es in unübersichtlichen Verfilmungen von russischen Klassikern sehr hilfreich, wenn man die einzelnen verarmten Adligen anhand eines Piercings unterscheiden könnte. Oder wenn ihnen ihr Name einfach auf die Stirn tätowiert worden wäre.

In Privatsendern sind die Moderatoren vertraglich verpflichtet, sich tätowieren zu lassen. Irgendwo unter ihrer Kleidung haben sie eine Markierung, damit sie wissen, dass sie mit dem richtigen Körper aufgestanden sind. In bestimmten täglichen Serien haben sich die Schauspieler einen Gesichtsausdruck auftätowieren lassen, damit niemand glaubt, sie hätten gar keinen.

Bräunungsmedizin

Nicht nur die Verzierung der Haut durch Fremdkörper ist in Deutschland offenbar äußerst angesagt. Es gehen auch in keinem anderen Land Europas so viele Menschen ins Solarium wie in Deutschland. Insgesamt 14 Millionen Deutsche lassen sich künstlich bestrahlen, wobei man bisher glaubte, dass nur Michel Friedman regelmäßig ein Solarium besucht. 14 Millionen Mal wird er es allerdings wohl nicht schaffen, das würde bedeuten, er müsste pro Stunde fast 1600-mal ins Solarium gehen. Das gelingt selbst Friedman nicht, und es wäre auch im höchsten Maße kostspielig und vor allem ungesund. Die Deutsche Krebshilfe und die Arbeitsgemeinschaft Dermatologische Prävention weisen außerdem darauf hin, dass Erwachsene nicht mehr als 50-mal im Jahr sonnenbaden sollten. Wobei der Aufenthalt unter der echten Sonne, das ist dieses weißliche Ding, das man an klaren Tagen manchmal am Himmel sehen kann, in der Rechnung enthalten ist. 62 Prozent der Solariengänger erklärten, sie nutzten die Bräune zur Attraktivitätssteigerung. Der zuverlässig ausbleibende Erfolg lässt sie dann zu immer stärkeren Strahlendosen greifen. Ethnologen befürchten, dass über 50 Prozent der in Deutschland lebenden Afrikaner in Wirklichkeit Solariumsopfer sind.

Schönheitsmedizin

Mieter sind nicht verpflichtet, jede vom Vermieter gewünschte Schönheitsreparatur vorzunehmen. Das stellte der Bundesgerichtshof in einer aktuellen Entscheidung fest. Es ist also überhaupt nicht erforderlich, sich einer Botoxbehandlung zu unterziehen oder bestimmte Körperstellen mit Silikon aufzufüllen, nur weil der Vermieter darauf besteht. Verschönerungen der Außenfassade sind nämlich gar nicht Sache des Mieters, sondern des Hausbesitzers. Löcher in den Wänden müssen selbstverständlich zugespachtelt werden, das gilt aber nicht für Löcher in Schuhen, Socken oder Pullovern. Wie das BGH erklärte, ist der Mieter leider auch nicht verpflichtet, Tätowierungen, die er während des Mietverhältnisses erworben hat, zu überstreichen. Es besteht auch kein Krawattenzwang im Wohnzimmer, nur weil der Vermieter dort kostspielige Stuckarbeiten vorgenommen hat und die Mieter sich plötzlich »der Umgebung angemessen« kleiden sollen. Der Vermieter darf erst recht nicht verlangen, dass man sich die Zähne richten lässt. Auch, wenn sie so weit vorstehen, dass im Treppenhaus keiner mehr an einem vorbeigehen kann, ohne sich zu verletzen.

Messmedizin

Die Deutsche Seniorenliga hat darum gebeten, beim häuslichen Blutdruckmessen möglichst ein TÜV-geprüftes Messgerät zu verwenden. Ein sehr wichtiger Hinweis, allerdings hat man das Gefühl, dass heutzutage in Deutschland schon zu viel gemessen wird. Früher reichten ein Zollstock und ein Messbecher aus, heute hat jede Apotheke Spezialgeräte zum Messen des Zuckerspiegels, des Blutdrucks und des CO_2-Ausstoßes. Der Cholesteringehalt wird gemessen, die Knochendichte, die Hirnsubstanz, der Alkoholgehalt des Blutes oder der Blutgehalt des Alkohols, und dazu kann man sich einen Thrombosestrumpf anmessen und einen Abführtee abmessen lassen. Im häuslichen Keller laufen derweil Strom-, Gas- und Wassermessgeräte heiß. Zweimal im Jahr kommt der Schornsteinfeger und führt noch viel seltsamere Messungen durch. Mal hält er einen Messstab in den Brenner, womit er höchstwahrscheinlich seine Verdienstspanne misst, und einmal lässt er einen Kehrbesen im Kamin runter, damit misst er wohl die Länge des Schornsteins oder des Kehrbesens. Wenn man ihn dabei berührt, bringt das auf jeden Fall Glück, wird aber auch als Extraleistung bemessen.

Schnullermedizin

Nach einer aktuellen Studie geben die deutschen Verbraucher am meisten Geld für Nahrungs- und Genussmittel aus. Am wenigsten wird dagegen für Babyartikel ausgegeben. Dieses Ergebnis wurde in der Babyartikel erzeugenden Industrie mit Besorgnis aufgenommen. Man will nun mit einer aufwendigen Kampagne weg vom kleinkindhaften Image und außerdem eine größere Produktpalette anbieten. Neu im Supermarktregal sind whisky- oder wodkagefüllte Trinkfläschchen, die auf Wunsch durch Sauger mit Tonic- oder Bitterlemongeschmack aufgerüstet werden können. Für Raucher sei der Nikotinschnuller ein idealer Begleiter, selbstverständlich auch mit Filter. Für Choleriker eignen sich Beißringe hervorragend, und statt eines digitalen Musikabspielgeräts könne man sich eine farbenfrohe Rassel anschaffen und seine Musik selber erzeugen. Auf längeren Reisen in überfüllten Zügen der Bahn seien Windeln auch für Geschäftsreisende eine lohnende Anschaffung. Business-Pampers in der Nadelstreifen-Ausführung gibt es beispielsweise mit Handytasche, dazu kann ein wärmendes Mützchen mit eingebautem Headset getragen werden.

Ungeborenenmedizin

Die frühkindliche Entwicklung gibt weiterhin Rätsel auf. Selbst Überschriften zu diesem Thema in Apothekenzeitschriften lassen sich nicht immer auf Anhieb erklären: »Alkohol schadet Ungeborenen« ist da ein gutes Beispiel. Grundsätzlich kann man sich das natürlich denken, Alkohol schadet ja sogar Geborenen, aber andererseits, wie kommen die Ungeborenen an das Zeug ran? »Schon zwei Gläser Wein sind genug, um ein ungeborenes Kind lebenslang zu benachteiligen«, behauptet der Neurologe John Olney. Ist man erst mal auf der Welt, wird das erst recht nicht besser, denn da nehmen sie einem nach zwei Gläsern den Führerschein weg, und das kann auch eine lebenslange Benachteiligung bedeuten. Weil man dann nicht rechtzeitig zur Verabredung kommt, die Frau schon weg ist, einen anderen kennenlernt und eine Woche später heiratet. Aber wir waren ja bei den Ungeborenen stehen geblieben. Wie kommen die an zwei Gläser Wein? Reift pro Kind auch eine Flasche Wein im Mutterleib heran? Oder schaffen es die Ungeborenen, nachts heimlich aus der Mutter zu entkommen und sich die zwei Gläser zu genehmigen? Womit bezahlen die dann, und lassen sich so die meisten Frühgeburten erklären? Jedenfalls erklärt das, warum Babys nicht sprechen können, sondern nur lallen und krakeelen. Sie müssen erst mal nüchtern werden.

Mythenmedizin

Mediziner der Universität von Indiana haben einige im Volksglauben verankerte medizinische Glaubenssätze als falsch entlarvt. Völlig verkehrt ist beispielsweise der in angelsächsischen Ländern verbreitete Satz: »One apple a day keeps the doctor away«, als richtig gilt vielmehr das Gegenteil: »One doctor a day keeps the apple away.« Weiterhin gibt es keine Beweise dafür, dass der Mensch nur zehn Prozent seiner Hirnkapazität nutzt. In Wirklichkeit ist das gesamte Gehirn damit ausgelastet, sich Klingeltöne, PIN-Codes und Passwörter zu merken sowie die Telefontarife von 54 verschiedenen Anbietern abzuspeichern. Falsch ist außerdem, dass das Lesen bei schwachem Licht die Augen ruiniert. Das hängt nämlich hauptsächlich vom Buch ab. Selbst wer bei grellem Licht den neuen Paulo Coelho liest, muss damit rechnen, zu erblinden. Ein weiteres Vorurteil besagt, Karotten seien gut für die Augen, weil man niemals Hasen mit Brillen sieht. Das ist nur teilweise richtig, denn Hasen tragen bei der Futtersuche und auf der Flucht Kontaktlinsen, zu Hause in der Sasse greifen sie dann zur Brille und lesen bei ziemlich schwachem Licht ihren Kindern aus der »Häschenschule« vor.

Verkehrskrisen
Mit der Wahnweste ins Mobilitätschaos

Ölpreisschub, *der,* spezielle Form von Energie, mittels derer die Preisanzeigetafeln an den → *Tankstellen* verändert werden. Der Ölpreisschub wird durch eine höchst komplizierte Maschine in Gang gesetzt, von der einige Teile in verschiedenen arabischen Ländern stehen. Wenn dort zu wenig oder zu viel oder gerade genug → *Öl* gefördert wird, setzt sich die Maschine in Bewegung oder auch nicht. Es dauert dann ein paar Tage, bis über Tausende von Zahnrädern und Umlenkhebeln, die bis zur → *New Yorker Börse* reichen, genug Schub erzeugt wird, um schließlich die Preise zu verändern. Der → *Tankwart* steht ohnmächtig daneben, er kann nichts dagegen tun, der Schub ist stärker. Die Geräusche der ständig in Bewegung befindlichen Preisanzeigetafeln machen viele Tankwarte krank. Sie verkaufen völlig verwirrt Gebäck und servieren → *Dreigangmenüs* zu überhöhten Preisen. Auch die Benzin erzeugende Industrie ist völlig hilflos den Auswirkungen des Ölpreisschubs ausgeliefert, die Preise erhöhen sich wie von selbst. Immer mehr Reisende und Pendler steigen jedoch auf → *LSD* um, weil man damit tolle → *Reisen* machen kann, ohne einen Liter Benzin zu verbrauchen und ohne das → *Wohnzimmer* zu verlassen.

Lexikon der Horrortrips, Band 23

Steinzeitverkehr

Bei Ausgrabungen in der Nähe der A7 westlich von Göttingen haben Archäologen zwei rund 7 000 Jahre alte Gräber entdeckt. In der Nähe der Grabstätten wurde auch ein jungsteinzeitliches Haus gefunden. Man nimmt an, dass es sich um zwei der ersten Autofahrer handelt, die vor vielen Tausend Jahren auf einer steinzeitlichen Autobahn unterwegs waren. Ob es sich bei dem Haus um eine Raststätte handelte und ob die Autofahrer an dem dort gereichten Essen verstorben sind, müssen die Archäologen noch klären. Man hat es in diesem Falle mit einer sogenannten »Hockerbestattung« zu tun. Verstorbene Autofahrer wurden damals traditionell mit angezogenen Beinen und angezogener Handbremse beerdigt. Als Grabbeigaben fand man ein gut erhaltenes Wackelmammut und eine Steinrolle, die anscheinend mit einem gehäkelten Stück Stoff ummantelt war. Als Navigationssystem benutzte man in der Steinzeit Kraniche, die allerdings meist falsch programmiert waren. Möglicherweise sind die beiden Steinzeitmenschen in einem Stau verhungert, denn ganz in der Nähe fanden Archäologen auch das Skelett einer Ampel, die immer noch Rot zeigte.

Formel-1-Verkehr

Eine der großartigsten Errungenschaften unserer Kultur ist in Gefahr. Nach dem Rückzug mehrerer Rennställe aus der Formel 1 könnte es sein, dass dieser Wettbewerb bald völlig aus dem allgemeinen Bewusstsein verschwinden wird. Das wäre schade, denn nichts ist faszinierender, als Autos beim Benzinverbrennen zuzugucken. Der Sender RTL muss möglicherweise sogar seinen Sendebetrieb einstellen, denn er übertrug bisher neben dem Rennen das Qualifying, das Qualifying zum Qualifying sowie das Qualifying zum Qualifying für das Qualifying. Dazu kamen noch eine mehrtägige Analyse des Rennens mit Literaturpreisträgern und Boris Becker sowie die Übertragung des ersten, zweiten, dritten und fünften freien Trainings und des unfreiwilligen Trainings. Mit der Abschaffung der Formel 1 würde aber auch der Beruf des Boxenluders aussterben. Damit bräche die Silikon erzeugende Industrie zusammen, und die Botoxbergwerke in Südafrika müssten geschlossen werden. Die Verantwortlichen arbeiten bereits an einem Konzept, um den Fortbestand des Wettbewerbs zu sichern. So sollen die Hersteller fusionieren. Es wird in Zukunft nur noch ein Auto geben, in dem aber genug Platz für alle 24 Fahrer der Formel 1 wäre. Es müsste sich also um eine Art Bus handeln, der 70 Runden lang im Kreis fährt, während sich die Formel-1-Piloten um den besten Platz streiten. Wer am Schluss vorne sitzt, hat gewonnen.

Autotürverkehr

Wer seine Autotür nicht sofort nach dem Ein- oder Aussteigen schließt, hat seine Sorgfaltspflicht verletzt und kann im Falle eines Falles in Haftung genommen werden. Das geht aus einem Urteil des Berliner Kammergerichts hervor. Man hat auch keinen Anspruch auf Schadensersatz, wenn man mit der Tür eigentlich nur einen Fahrradfahrer zu Fall bringen wollte, diesen aber verfehlt hat und ein nachfolgendes Auto einem dann die Tür abfährt. Darauf wies die Arag-Rechtsschutzversicherung hin. Lässt man die Türen längere Zeit offen stehen, muss man sich nicht wundern, wenn der Wagen von Fußgängern als Durchgang, Abkürzung, Unterstellmöglichkeit bei Regen oder als Buswartehäuschen genutzt wird. Der Wagenhalter ist dann sogar verpflichtet, Mülleimer aufzustellen, gültige Fahrpläne gut sichtbar im Wagen auszuhängen und vor allem nachts für ausreichende Beleuchtung zu sorgen. Beutel für die Entsorgung von Hundekot müssen ebenfalls vorrätig gehalten werden. Steht der Wagen längere Zeit leer, muss der Fahrgastraum auf Anfrage an Wohnungssuchende vermietet werden, wobei der Kofferraum allerdings nicht als zweites Zimmer zählt.

Scheidungsverkehr

Die Zahl der Verkehrstoten ist 2008 auf den tiefsten Stand seit 60 Jahren gesunken. Dagegen stieg die Zahl der Ehescheidungen. Der Zusammenhang liegt auf der Hand. Wer seinen ungeliebten Ehepartner nicht mehr durch einen Verkehrsunfall verliert, muss sich notgedrungen von ihm scheiden lassen. Im Falle einer Scheidung springt jedoch nicht die Autoversicherung ein, selbst wenn bei der Ehe ein Totalschaden vorliegt. Darüber hinaus warnen Experten auch davor, statt einer Scheidung einen Unfall in Kauf zu nehmen, weil dadurch das gemeinsame Auto zu Schaden kommen könnte. Dabei gibt es durchaus Ähnlichkeiten, die nicht von der Hand zu weisen sind. Die Ehe hat viel mit Verkehr zu tun; so, wie es sich bei der Weltraumfahrt um ein Nebenprodukt der Teflonpfannenforschung handelt, ist die Ehe eine Folge des Verkehrs. Die gesamte Menschheit verdankt ihre Entstehung dem Verkehr, doch das nur nebenbei. Eine Ehe ist jedoch nicht so stabil wie ein modernes Auto. Es gibt kein Navigationssystem, kein elektronisches Stabilitätsprogramm verhindert das Ausbrechen eines Partners, und es existiert auch kein Seitensprungaufprallschutz.

Trennungsverkehr

Einer Umfrage zufolge wächst bei den Deutschen die Bereitschaft, sich von ihrem Auto zu trennen. Fast ein Drittel der Autofahrer erwäge zurzeit, »mindestens eines seiner Autos abzuschaffen«. Woher aber kommt diese ungewöhnlich hohe Trennungsbereitschaft? Warum wollen Menschen plötzlich einen lieb gewonnenen Partner loswerden? Haben sich Mensch, oder sagen wir ruhig: Mann und Auto nach einem Jahrhundert etwa auseinandergelebt? Haben sie sich nichts mehr zu sagen? Eine wichtige Rolle spielt hier die Abwrackprämie. Wenn man Geld vom Staat für die Vernichtung eines Lebenspartners erhält, dann stimmt irgendetwas nicht. Die meisten der in den letzten Monaten abgewrackten Autos waren besser gepflegt als viele Ehefrauen, die Männer hatten ja auch mehr Zeit in ihnen zugebracht. Kaum jemand macht sich Gedanken, was mit den verstoßenen Fahrzeugen geschieht. Fahrtherapeuten wissen, dass auch ein Pkw Gefühle haben kann. Verlassene Autos fühlen sich irgendwie leer und abgemeldet, ihnen fehlt der Verkehr. Manche wurden sogar von ihren Besitzern misshandelt und gedemütigt. Für solche Fahrzeuge bleibt oft nur noch das Autohaus.

Nassverkehr

Geschwindigkeitsbegrenzungen auf Autobahnen sind häufig mit dem Zusatz »bei Nässe« versehen. Einige Autofahrer fühlen sich dadurch verunsichert, denn ihnen ist nicht klar, was das bedeutet. Bei großer Hitze kommt es unter den Armen vieler Fahrzeuglenker zu verstärkter Nässebildung, doch deshalb muss die Geschwindigkeit nicht reduziert werden, selbst wenn die Hände so feucht sind, dass das Lenkrad hindurchflutscht. Auch wenn eine Flasche ausläuft oder ein Becher mit heißem Kaffee über die Hose gekippt wurde, muss man die Geschwindigkeit noch lange nicht drosseln. Ähnliches gilt für nässende Kleinkinder, die auch bei Tempo 160 weiter transportiert werden können. Der Zusatz »bei Nässe« bezieht sich ausschließlich auf die Straße. Nach Angaben des Verkehrsministeriums wird eine Fahrbahn als »nass« bezeichnet, wenn sie ganz nass ist. Man erkennt das daran, dass die Straße spiegelt oder ein vorausfahrendes Auto deutliche Fahrrillen hinterlässt. Wenn keine Fahrrillen zu erkennen sind, aber das Wasser im Auto trotzdem über die Handschuhfachoberkante steigt, dann befindet man sich auf bzw. in einer Waschstraße und hat vergessen, das Fenster zu schließen.

Bremsverkehr

Etwa 1,5 Millionen Tonnen Streusalz werden pro Saison über Deutschland ausgekippt. Die Straßenmeistereien sorgen dann dafür, dass die 1,5 Millionen Tonnen gleichmäßig verteilt werden. Streusalz wird aus Steuergeldern bezahlt, und alle Bürger haben daher ein Recht auf ihren Anteil. Der beträgt bei 82 Millionen Einwohnern 18,3 Kilogramm pro Einwohner. Würde sich das jeder Deutsche selber abholen und vor der eigenen Haustür verteilen, könnte der Staat Millionen sparen, die er dann notleidenden Banken zur Verfügung stellen könnte. Oder er überlässt die 1,5 Millionen Tonnen gleich den Banken, und die zahlen ihren Kunden die Zinsen in Streusalz aus. Und wo wir gerade von Streusalz reden, der Automobil-Club von Deutschland (AvD) weist darauf hin, dass sich mit Wasser vermischtes Streusalz auf Bremsbelägen absetzen kann, was zu einem verlängerten Bremsweg führt. Ein Fahrer, der kürzlich im Norden von Bielefeld vor seinem Haus gebremst hatte, kam erst in Offenbach zum Stehen. Autofahrer, die unbedingt in Bielefeld anhalten wollen, sollten daher im Winter schon in Höhe von Braunschweig auf die Bremse treten.

Anteil von Idioten, die immer dann unterwegs sind,
wenn man es eilig hat

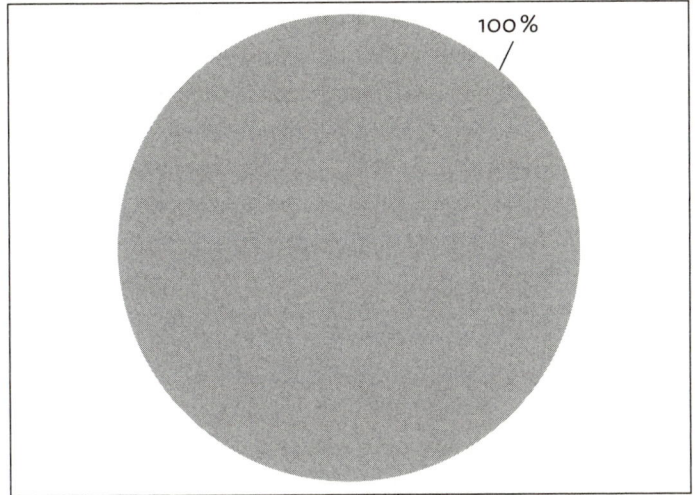

(Quelle: Bundesamt für Statistik, 2010)

Bußgeldverkehr

Seit einiger Zeit gilt ein neuer Bußgeldkatalog, der für Raser und Drängler empfindliche Strafen vorsieht. Wer beim Rasen drängelt oder beim Drängeln rast, erhält jedoch keinen Rabatt. Wer in eine Ortschaft eindringt, obwohl sie geschlossen ist, muss mit 200 Euro Strafe rechnen. Auf Zebrastreifen herrscht das Rauchverbot. Neue Regeln gelten auch beim Einparken: Wer auf der Autobahn mit mehr als 130 Stundenkilometern einparkt, verliert den Führerschein, innerorts gilt beim Einparken ein absolutes Überholverbot. Wer länger als zehn Minuten versucht, einzuparken, kann mit einer Anzeige wegen Nötigung rechnen. Wer dagegen länger als 60 Sekunden an einer roten Ampel steht, muss im Besitz eines gültigen Parkscheins sein. Wer Papageien, Zebrafinken oder auch Flamingos transportiert, kann Polizisten ungestraft einen Vogel zeigen, auch wenn die sich gar nicht dafür interessieren. Nordic Walker dürfen auf der Autobahn die Standspur unter gar keinen Umständen benutzen. Ein Fahrzeug, in dem sich vier Insassen befinden, deren Gesamtkörpergewicht mehr als 600 Kilogramm beträgt, gilt als Schwertransporter, der nicht überholt werden darf.

Fehlleitungsverkehr

Aus einer streng geheimen Studie geht hervor, dass in Deutschland jede zweite Gemeinde mit »fehlgeleiteten Lkws« kämpft. Schuld sind schlechte Navigationssysteme, die ahnungslose Lkws auf zu schmale oder unter zu niedrige Brücken lotsen, denn diese Geräte sind nur für Pkws konzipiert. Sie versuchen, die Lastwagen in die Falle zu locken, damit sie unter irgendeiner Dorfbrücke stecken bleiben und den Pkws nicht mehr im Wege sind. Das Problem beschränkt sich allerdings nicht auf Gemeindestraßen. Immer häufiger hört man von Lkws, die plötzlich in Familienfeiern platzen und die Stimmung zerstören, vor allem wenn sie das Buffet gerammt und den Tomatensalat plattgemacht haben. Nur mit Mühe konnte unlängst ein Lkw daran gehindert werden, in den Strafraum des VfB Stuttgart einzudringen und die dort aufgestellte Mauer zum Einsturz zu bringen. Fehlgeleitete Lkws werden inzwischen auch für die Finanzkrise verantwortlich gemacht und für das Programm des ZDF. Und es kommt noch sehr viel schlimmer: Tausende Frauen wollen sich von ihren Männern scheiden lassen, weil ständig ein fehlgeleiteter Lkw zwischen ihnen steht.

Auslandsverkehr

Autofahrer, die im europäischen Ausland unterwegs sind, sollten wissen, welche Verkehrsbestimmungen dort gelten. In zwölf Ländern ist es Pflicht, eine Warnweste mitzuführen, in drei Ländern muss man sogar einen dunklen Warnanzug mit Einstecktuch und farblich abgestimmtem Abschleppseil dabeihaben. In 21 Ländern herrscht ganzjährige Lichtpflicht am Tag. Tagsüber ist es dort also immer hell, worauf sich der Autofahrer einstellen sollte. Im südlichen Italien muss man sich vor dem Abbremsen bekreuzigen, wer ein Ave-Maria betet, darf auch bei Rot fahren. In England darf nur rechts überholt werden. In Spanien muss die Brieftasche gut sichtbar außen am Körper getragen werden, es gilt außerdem Rauchverbot auf der Autobahn. Wer mit dem Auto durch Albanien fährt, sollte seine eigene Straße mitbringen. Polenbesucher, deren Auto nicht gestohlen wird, haben übrigens keinen Anspruch auf Schadensersatz. In Frankreich müssen Innen- und Außenspiegel niedriger eingestellt werden, um den französischen Präsidenten nicht zu übersehen. Für die Einreise in den Vatikanstaat reicht ein gültiger Taufschein, nicht erforderlich ist ein geweihtes Wagenkreuz oder ein Ewiges Warnblinklicht.

Korsoverkehr

Nach dem letzten Länderspiel kam es deutschlandweit wiederholt zu unbeholfenen Korsobildungsversuchen, die aber meistens kläglich scheiterten. Der ADAC bittet deshalb alle Interessierten, so schnell wie möglich Korsofahrkurse zu besuchen, damit die Korsofahrtüchtigkeit des deutschen Volkes bald wiederhergestellt ist. Das Korsofahren gehört zu den Königsdisziplinen der Fortbewegung, denn der Wagenlenker muss vier Tätigkeiten gleichzeitig ausführen: fahren, Fahnen schwenken, hupen und bölken. Beim Bölken offenbaren sich häufig Textprobleme, am sichersten bölkt man: »Olé, olé, olé, olé!« Man kann auch »Doooii-schant« oder »Finale, oho« bölken. Der ADAC rät davon ab, die Nationalhymne zu bölken, da der eher lyrische Text zum Bölken zu kompliziert ist. Beim Hupen sind eigentlich nur zwei Signale korsotauglich: Der Dauerton, der beliebig lange eingesetzt werden kann, und das morsezeichenähnliche »Ba ba baba ba bababa ba ba!« Wichtig: Zum Korso gehören immer zwei, am besten drei. Sollten Sie in einer dünn besiedelten Gegend wohnen und trotzdem Korso fahren wollen, rufen Sie zwei Taxis und lassen Sie die hinter sich herfahren.

Mängelverkehr

Jedes zweite Auto auf deutschen Straßen ist mit Mängeln unterwegs, rund 17 Prozent weisen sogar erhebliche Defekte auf. Häufigster Fehler: Die Lenkung ist falsch eingestellt, die Autos ziehen nach links. Das kann man auf der Autobahn beobachten, wo es viele Fahrer einfach nicht mehr schaffen, den Wagen nach einem Überholvorgang wieder auf die rechte Spur zurückzulenken. Bei Kraftfahrzeugen der Hersteller BMW, Mercedes und Porsche geht am helllichten Tag oft völlig unvermittelt das Fernlicht an und irritiert entgegenkommende oder vorausfahrende Fahrzeuge. Tatsächlich stellen die Fahrer selber den größten technischen Mangel dar, weil bei ihnen Sicherungen durchgebrannt sind oder sie unter einer Bleifußentzündung leiden. Viele Fahrer überfordern sich, kaum jemand schafft es, gleichzeitig zu telefonieren, das Navi im Auge zu behalten, einen Pappbecher mit heißer Flüssigkeit zwischen den Schenkeln zu balancieren und dabei die Spur zu wechseln. Fast alle Autos fahren grundsätzlich schneller, als der Fahrer denken kann, als Faustformel gilt: Geschwindigkeit gleich IQ minus 100 mal vier minus Bodymass-Index.

Pannenverkehr

Deutsche Autohersteller sind wieder einmal die Gewinner der Pannenstatistik. Das liest man als Deutscher natürlich mit einem gewissen Stolz und denkt sich: Anscheinend haben deutsche Autos die schönsten und aufsehenerregendsten Pannen. Doch bei näherem Hinsehen zeigt sich, dass es bei der Pannenstatistik vor allem darum geht, wer die wenigsten Pannen hat. Und da liegen deutsche Fahrzeuge der Premiumklasse eindeutig an der Spitze. Audi, Mercedes und BMW gehen einfach nicht kaputt, während billige Fordmodelle bereits in den Ausstellungsräumen der Händler zusammenbrechen. Wer den Kauf eines Opels plant, sollte auf jeden Fall ein zweites Fahrzeug als Ersatzteillager mit sich führen. Auch die sonst so zuverlässigen japanischen Automarken lassen nach. Toyota bietet deshalb bereits Modelle mit eingebautem Kfz-Mechaniker an, der aber bisher leider nur Japanisch spricht. Andererseits weisen Experten darauf hin, dass man heutzutage nur noch mit einem Pannenfahrzeug wirklich auffallen kann. Was ist schon ein Porsche, der in einer Zehntelsekunde an einem vorbeirast, gegen einen Ford Transit, der stundenlang den Verkehr aufhält?

Raststättenverkehr

Bei einem Test haben bestimmte deutsche Autobahnrastplätze extrem schlecht abgeschnitten. Die Raststätte Theilheim Nord an der bayerischen A3 bekam sogar die Gesamtnote »sehr mangelhaft«. Hier fiel besonders negativ ein Wolfsrudel auf, das nachts alleinreisende Autofahrer müde hetzt und dann im Sanitärbereich zur Strecke bringt. So etwas könne man nicht unter dem Motto »Abenteuer Rastplatz« auch noch extra berechnen. Gewöhnungsbedürftig seien auch die etwa 170 Zentimeter großen Kakerlaken, die aber alle ein Gesundheitszeugnis vorweisen konnten. In einer anderen Raststätte fehlten nach einem Toilettenbesuch plötzlich alle Räder am Auto. Positiv: Es bestand die Möglichkeit, die Reifen zu einem akzeptablen Preis zurückzukaufen. Auf der Sauerlandlinie ist nachts an allen Raststätten das Licht ausgeschaltet. Der Reisende muss beim Schein brennender Mülltonnen den Weg zur Toilette finden. Es gibt aber immerhin extra gekennzeichnete Parkplätze für Zombies und Holländer. Vorsicht beim Essen: Die meisten Raststättenpächter sind zum Buddhismus übergetreten. Deshalb wird dort das Essen vom Vortag regelmäßig wiedergeboren.

Tunnelverkehr

Wieder einmal hat der ADAC die Tunnel in Europa getestet, und wieder einmal fragen wir uns, wie man das eigentlich macht. Zunächst mal geht es wohl darum, ob der Tunnel auch einen Ausgang hat, also ob man überhaupt durchkommt. Das scheint uns das Wichtigste zu sein. Der Cernobbio-Tunnel am Comer See wurde beispielsweise mit »mangelhaft« bewertet. Wahrscheinlich, weil man dort nicht wieder rauskommt. Oder man kommt an der gleichen Stelle wieder raus, an der man reingefahren ist. Das wäre dann schon eine Form von Betrug. Häufig muss man ja vor dem Befahren eines Tunnels Geld bezahlen, da sollte der ADAC durchaus mal überprüfen, ob der Tunnel den Eintritt wert ist. Was wird einem da geboten? Gibt es Geisterfahrer? Leicht bekleidete Frauen? Sieht man Tiere, die Kunststückchen vorführen? Der deutsche Autofahrer möchte auch informiert werden, welche ausländischen Tunnel untertitelt sind, damit er ungefähr der Handlung folgen kann. Entscheidend ist natürlich die Sicherheit. Deshalb sollte man wissen, ob der Tunnel über eine Videoüberwachung verfügt. Und wenn ja, woran kann man den Tunnel von einer Lidl-Filiale unterscheiden?

Bahnverkehr

Die Deutsche Bahn schickt ihre gesamte ICE-Flotte in die Werkstatt. Ein Konzernsprecher sprach beschwichtigend von einer »Frühjahrsinspektion«. Es sollen Mängel an Toiletten, Heizungen und Klimaanlagen behoben werden. Gleichzeitig will man auch die Bahnschalter und Fahrkartenautomaten überprüfen, um herauszufinden, woran es liegt, dass die Bahntickets jedes Jahr teurer werden. Die ICE-Züge werden nach dem Zufallsprinzip und völlig überraschend auf freier Strecke aus dem Verkehr gezogen. Dadurch wird es möglich, gleichzeitig auch die Bahnkunden einer Generalüberholung zu unterziehen. Vor allem die Mobiltelefone der Reisenden werden leiser gestellt, aber auch die Kreditkarten unterzieht man einem Belastungstest. Das kann sich bis 2012 hinziehen. Daneben werden alle Bahnhofsuhren um 20 Minuten zurückgedreht, wodurch es kaum noch zu Verspätungen kommen kann. Vorgesehen ist auch eine Untersuchung der mobilen Brezelverkäufer, die neu abgeschmiert werden müssen. Zum Abschluss der Wartungsarbeiten wird im Speisewagen der jährliche Ölwechsel an den Fritteusen feierlich von einem Zuggeistlichen vollzogen.

Wildverkehr

In den letzten Jahren ist die Zahl der Wildunfälle in Deutschland stark gestiegen. Der Naturschutzbund NABU erklärte, das dichte Verkehrsnetz behindere die Wanderung der Tiere, und forderte Korridore und Brücken für Luchse, Wildkatzen und Hirsche. Auf der A3 bei Aschaffenburg halten regelmäßig zu Stoßzeiten Wildschweine den Verkehr auf, die dort, ohne zu blinken, die Spur wechseln und sogar gegen die Fahrtrichtung unterwegs sind. Eine besonders raffinierte Rotte von Schwarzkitteln habe sich vor Kurzem mit Blinklichtern als »Schwertransport, der nicht überholt werden darf« getarnt und einen 40 Kilometer langen Stau verursacht. Die Kosten für Wildschutzmaßnahmen steigen ins Astronomische. Brücken, Tunnel und Korridore sind schon teuer genug, unterirdische Kanäle für wandernde Lachse, Rolltreppen für ältere Bären und Lastenaufzüge für wandernde Elche würden Milliarden verschlingen. Vor diesem Hintergrund werden Überlegungen laut, die Autobahnen für Tiere zu öffnen und zu verkehrsberuhigten Zonen zu erklären. Da die meisten Autofahrer mit Offroadfahrzeugen ausgestattet seien, könnten sie sich selber einen Weg durch die von den Tieren verlassene Wildnis bahnen.

Überflüssige Verkehrsschilder

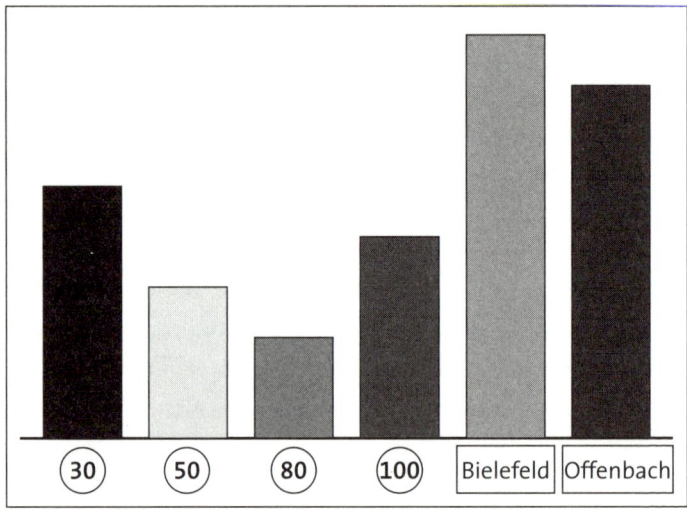

(Quelle: Bundesvereinigung führerscheinloser Verkehrsteilnehmer)

Bahnkundenverkehr

Bahnkunden bekommen mehr Rechte. Der Bundesrat stimmte für das neue Fahrgastrecht, das unter anderem Entschädigungen ab einer Verspätung von mehr als 60 Minuten vorsieht. In so einem Fall erstattet die Bahn 25 Prozent des Fahrpreises. Ist die Verspätung so groß, dass der Reisende übernachten muss, so darf er das kostenlos in einem Schlafwagen der Bahn tun. Wer eine Fahrkarte erworben hat, muss bis zum dort aufgedruckten Fahrtziel transportiert werden, auch wenn dort überhaupt keiner auf ihn wartet. Fahrgäste, die mehr als 100 Kilometer einem telefonierenden Pharmavertreter aus Heilbronn gegenübersitzen mussten, bekommen 50 Prozent des Fahrpreises erstattet oder einen Gutschein für drei Portionen Maultaschen. Wer den Satz »Thank you for travelling with Deutsche Bahn« auf einer Strecke mehr als elfmal hören muss, darf den Zug ohne Aufpreis an der nächsten Haltestelle verlassen. Wer die Fahrt neben einem putzigen kleinen Mädchen und seinem penetrant verständnisvollen Vater verbringen muss, hat das Recht, die Aussage zu verweigern und darf es ablehnen, Memory zu spielen.

Mumienverkehr

Bei Bauarbeiten für die ICE-Strecke Erfurt–Halle–Leipzig haben Archäologen mehrere Gräber aus der Bronzezeit gefunden. Die 4000 Jahre alten Skelette waren übereinander bestattet. Man nimmt an, dass die Menschen vergeblich auf den Zug gewartet hatten, dessen Gleise ja auch erst Tausende von Jahren später gebaut wurden. In einigen Gräbern fand man kupferne Haarspiralen, Bernsteinschmuck, versteinerte Leberwurstbrotreste sowie durchlochte Hundezähne, die anscheinend als Fahrkarten dienten. Es war wohl damals üblich, Reisende, deren Zug mehr als ein Jahrhundert Verspätung hatte, mit ihrer Fahrkarte an der Bahnstrecke zu bestatten. Auch wurden Dosen mit Bindfäden gefunden, die in der Bronzezeit als Handyersatz gedient haben. Die Archäologen hoffen, vielleicht irgendwo auf einen mumifizierten mobilen Brezelverkäufer zu stoßen oder gar eine alte Personalwechselstelle freizulegen. Eins steht jedenfalls fest: Die Nachkommen der verhinderten Bahnreisenden können nun mit einer Verspätungsentschädigung in Höhe von mehreren Millionen Euro rechnen, da die Toten auch sämtliche Anschlusszüge der letzten 4000 Jahre verpasst haben.

Transrapidverkehr

Der Transrapid, der den Münchner Hauptbahnhof mit dem Münchner Flughafen verbinden sollte, wird nie gebaut werden, weil die Kosten zu hoch sind. Ein schwerer Schlag für die bayerische Landeshauptstadt, denn wie soll man jetzt vom Bahnhof zum Flughafen kommen? Man muss wohl mit dem Zug nach Nürnberg oder Stuttgart fahren und kann dann von dort den Münchner Flughafen auf dem Luftweg ansteuern. Das ist natürlich eine wahnsinnige Energieverschwendung. Auch für das Flughafenpersonal hätte der Transrapid eine Verbesserung seiner Arbeitsbedingungen gebracht. Viele sind seit Jahren nicht mehr aus dem Erdinger Moos herausgekommen, weil es ja keine Verbindung zum Hauptbahnhof gab. Warum aber wurde die Magnetschwebebahn so teuer? Das liegt daran, dass die Preise für Magneten in den letzten Monaten explodiert sind. Und es wäre ja ein ungeheurer Magnet nötig gewesen, der allein durch seine Anziehungskraft den Transrapid vom Hauptbahnhof zum Flughafen gezogen hätte. Um den Aufprall zu dämpfen, hatten die Techniker von Siemens außerdem eigens ein riesiges Kissen geplant, das mindestens eine Milliarde Euro gekostet hätte.

Billigflugverkehr

Nach einer Untersuchung von Stiftung Warentest sind die Angebote von Billigfliegern weiterhin äußerst undurchsichtig. Vielen Passagieren ist beispielsweise nicht klar, dass sie sich einen eigenen Stuhl mitbringen müssen, wenn sie Wert auf einen Sitzplatz legen. Man wird aber immerhin auf Kosten der Airline mit Paketklebeband festgeschnallt und darf vier Minuten in einer drei Jahre alten bulgarischen Modezeitschrift blättern. Pro Gepäckstück wird eine Lastengebühr erhoben, benutzt der Fluggast einen Koffer, wird die Koffersteuer fällig. Wer mit einer Tasche fliegt, zahlt einen Aufpreis wegen Koffersteuerhinterziehung. Kurz vor der Landung erfahren viele Passagiere zu ihrer Überraschung, dass ihr Tarif nur einen Ausstieg in der Luft beinhaltet. Wer landen will, zahlt Flughafenaufenthaltsgebühren, die nach einem genau festgelegten System völlig willkürlich vom Flugpersonal erhoben werden. Der Verzehr mitgebrachter Speisen ist verboten, wer während des Fluges atmen möchte, kann gegen Zahlung eines Sauerstoffzuschlags die Ausdünstungen der anderen Passagiere einatmen, wer das Geld sparen will, muss die Luft anhalten.

Notlandungsverkehr

Ein Vogelschwarm verursachte im Januar 2009 einen Triebwerks-
schaden und führte zu der spektakulären Notwasserung eines
Airbus auf dem Hudson River. Dies ist auf die Dauer nicht ohne
Folgen für die Luftfahrtgesellschaften geblieben. Die Kunden
sind anspruchsvoller geworden. Häufig werden Stewardessen
gebeten, den Piloten darauf aufmerksam zu machen, dass er gerade einen Schwarm Kraniche verfehlt habe. Flughäfen in Fluss-
nähe werden bevorzugt, weil Passagiere sich eine gute Chance
für eine spektakuläre Notlandung ausrechnen. Immer öfter versuchen Fluggäste, eine Notlandung zu erzwingen, indem sie
eine Minute nach dem Start plötzlich aufstehen und schreien:
»Es riecht nach verbrannten Vögeln! Wir müssen notlanden.«
Viele sind völlig verzweifelt, wenn sie erfahren, dass der Geruch
von der Bordmahlzeit Curry-Chicken stammt, oder sie beschwe-
ren sich, wenn man sie nicht über die Tragflächen aussteigen
lässt. Einige Fluggesellschaften überlegen, Notwasserungen zum
festen Bestandteil eines Fluges zu machen. Die Lufthansa will
dazu den Tarif »No miles and more« einführen. Um den Passagieren wenigstens eine gefühlte Notwasserung zu bieten, plant
man außerdem, kurz nach dem Start einfach Wasser in die
Economy Class zu pumpen, in der ersten Klasse kommt Champagner zum Einsatz.

Taxiverkehr

Ein Verkehrsclub hat in ganz Deutschland Testfahrten in 200 Taxis durchgeführt und dabei Erschreckendes herausgefunden. Am schlechtesten schnitten Frankfurter Taxifahrer ab, die oft nur rudimentäre Deutschkenntnisse hatten und sich in ihrem hessischen Idiom nur sehr schlecht verständlich machen konnten. Viele fuhren auf Kosten des Fahrgastes erst mal zu Hause vorbei, um dort »in aller Ruhe auf die Karte zu gucken«. Kam eine Unterhaltung im Taxi zustande, wurde dafür ein Aufschlag von fünf Euro verlangt, wer ausdrücklich auf ein Gespräch verzichtete, musste zehn Euro Sondertransportkosten bezahlen. Die größten Umwege wurden in Berlin gefahren. Dort waren die Fahrer im Schnitt zehn Minuten länger als nötig unterwegs, als Begründung wurde meistens »die Mauer, Männeken« angegeben. Der Test konnte allerdings nicht vollständig ausgewertet werden, da drei Tester bislang noch nicht zurückgekehrt sind. Die Polizei glaubt, dass viele angeblich vermisste Personen in Taxis unterwegs sind. Und Elvis Presley ist keineswegs tot, sondern wird seit über 30 Jahren in einem Berliner Taxi gefangen gehalten.

Krisenpflege
Praktische Verbrauchertipps

Verbraucher, *der*, Endstufe der → *Evolution* des → *homo sapiens sapiens*. Der Verbraucher verbraucht, was ein → *Erzeuger* erzeugt, wobei der Verbraucher auch gleichzeitig Erzeuger sein kann. Verbraucher verbrauchen so gut wie alles, was jemals erzeugt wurde, → *Strom*, → *Gas*, → *Trüffel*, → *Wasser*, → *Kümmelbrötchen*, → *Pferdewurst*, → *Telefoneinheiten*, → *Kilometer*, → *Doppelhaushälften*, → *Mittelklassewagen*. Immer häufiger verbrauchen sie unsere → *Geduld* und unsere → *Zeit*. Schon in wenigen → *Jahren* werden die Planetenverbraucher die → *Erde* verbraucht haben. Man hofft, dass bis dahin neue verbraucherfreundliche Planeten auf dem → *Markt* sind. Und wie wir soeben erfahren, werden in wenigen Augenblicken alle für diesen → *Text* zur Verfügung stehenden → *Buchstaben* verbra

Lexikon der Verbraucherschutzbunker, Band 4

Wehrpflege

Der SPD-Fraktionschef hat die von der schwarz-gelben Regierung geplante Verkürzung des Wehrdienstes auf sechs Monate kritisiert. Dies sei »nicht Fisch und nicht Fleisch«, sagte Steinmeier in eine zufällig auf ihn gerichtete Kamera. Zweifellos hat der SPD-Politiker recht, denn eine sechsmonatige Ausbildung reicht mit Sicherheit nicht aus, um unsere Freiheit am Hindukusch oder sonst wo zu verteidigen, geschweige denn einen Weltkrieg zu gewinnen. In sechs Monaten lernt man noch nicht einmal den verantwortungslosen Umgang mit Alkohol oder das Aufschlitzen von Sitzpolstern im ICE. Dabei plant die FDP, die Wehrpflicht sogar komplett abzuschaffen und den Krieg zu privatisieren. Vielen Freidemokraten ist die Monopolstellung der Bundeswehr schon lange ein Dorn im Auge. Deshalb soll auch dieser Markt, ähnlich wie bei Strom und Telefon, liberalisiert werden. In Zukunft wird jeder Waffengang öffentlich ausgeschrieben. Und wenn es sich zeigt, dass die Taliban das günstigste und effektivste Angebot für einen Friedenseinsatz machen, dann bekommen sie den Zuschlag. Aber nur, wenn sie sich verpflichten, ausschließlich deutsche Waffen zu benutzen.

Klimaanlagenpflege

Klimaanlagen sollten an heißen Tagen nicht zu kühl eingestellt werden. Eine Differenz von mehr als sechs Grad zwischen Außentemperatur und klimatisiertem Raum belastet Körper und Kreislauf zusätzlich, erklärte der TÜV Rheinland. Ein wichtiger Hinweis. Doch woran merkt man eigentlich, dass die Klimaanlage zu kühl ist? Eher unbedenklich ist es, wenn die Geschäftspost in außergewöhnlich steifem Ton abgefasst wird. Als Alarmsignal gilt auch nicht, wenn dem Vorgesetzten das Lächeln gefriert oder gar die kompletten Gesichtszüge. Doch wenn die Gehaltskonten plötzlich eingefroren sind, sollte mal ein Spezialist die Klimaanlage überprüfen. Ein sicheres Zeichen für einen technischen Defekt liegt vor, wenn die Arbeit zum Erliegen kommt, weil alle wie erstarrt in ihren Stühlen sitzen, Tiefkühlpizzen problemlos außerhalb der Gefriertruhe gelagert werden können und sich an der Bürodecke Eiszapfen bilden. Wenn sich dann noch auf Stellenangebote ausschließlich Königspinguine melden, dann haben Sie ein echtes Kühlproblem. Lebensgefährlich wird es, wenn die Putzfrau statt mit dem Staubsauger mit einem Eimer Streusalz anrückt.

Haushaltsgerätepflege

Auf der Internationalen Funkausstellung sind in diesem Jahr neben Unterhaltungselektronik erstmalig auch Haushaltsgeräte zu sehen. Es handelt sich um hochmoderne Apparaturen, deren Anwendung sich nicht immer auf den ersten Blick erschließt. Ein Rasenmäher mit USB-Schnittstelle ist natürlich sinnvoll, genauso wie ein elektrischer Kartoffelschäler, mit dem man Bilder einscannen und Speckstreifen überspielen kann. Mit dem Toaster lassen sich CDs und DVDs brennen, die elektronische Spargelzange mit Fotofunktion macht Bilder direkt aus dem Kochtopf und überträgt diese auf das Handydisplay der Köchin. Ein Kühlschrank gleicht inzwischen dem Cockpit eines Jumbojets. Hausfrauen brauchen eine Spezialausbildung, um ihn sicher zu be- und entladen. Der moderne Kühlschrank meldet Verfallsdaten und den aktuellen Frischezustand leicht verderblicher Waren per Funk an die Hausfrau, die ständig einen Kopfhörer trägt, um die Befehle des Geräts zu empfangen: »Mach mal wieder was mit Möhren, in drei Stunden sind die vergammelt, du Schlampe.« Außerdem schlägt er bei Bedarf Alarm: »Ich seh nichts mehr! Das Licht ist schon wieder aus!«

Gerätepflege

Auch auf der Computermesse CeBIT geht der Trend zum Multi-funktionsgerät. Gezeigt werden Telefone, mit denen man seinen Fernseher anrufen kann, damit der dann das Garagentor öffnet. Es gibt aber auch Garagentore, auf denen man fernsehen kann, und Fernseher, in denen man parken kann. An einem tragbaren und natürlich kabellosen Garagentor wird noch gearbeitet. Moderne Handys können heutzutage jederzeit Verbindung mit der Kaffeemaschine aufnehmen, wenn sie merken, dass wir bei Anne Will eingeschlafen sind. Die Kaffeemaschine schickt eine Nachricht an den PC, und der schaltet die Waschmaschine an. Schon sitzen wir vor einer unterhaltsamen 40-Grad-Buntwäsche oder schauen uns eine nervenzerfetzende 60-Grad-Weißwäsche im Schleudergang an. Wichtig ist ein Zweithandy, weil das erste ständig Anrufe von Haushaltsgeräten entgegennehmen muss. Mal ruft der Pürierstab an, weil er durchdreht, mal ist der Kühl-truhe zu kalt, und dann beschwert sich unser Auto über das elektronische Garagentor, weil das dauernd telefoniert. Momentan ist Telefonieren im Internet angesagt, aber Experten glauben, dass wir schon morgen im Flur oder sogar unter dem Wohn-zimmertisch mit dem Garagentor telefonieren können.

Telefonanrufpflege

Über drei Viertel aller Bundesbürger finden die Telefontarife der verschiedenen Anbieter verwirrend. Besonders ältere Mitbürger behalten lieber ihren alten Anschluss bei der Reichspost, selbst wenn sich seit Jahrzehnten auf dem zuständigen Amt niemand mehr meldet, um sie zu verbinden. Die meisten Rohrpostkunden sind zwar unzufrieden, dass bei ihnen nichts mehr ankommt, scheuen aber vor einer Highspeedflatrate mit kostenlosem Router, Splitter und Swiffer zurück. Doch auch viele junge Menschen fühlen sich überfordert mit Tarifen, die ihnen drei Freiminuten pro Tag für Gespräche mit Mutti und einen Bonus für jedes nicht geführte Gespräch anbieten. Die Konsonantenpauschale der Telekom, bei der man nur für Vokale nach 22:00 Uhr zahlt, wird sehr zögerlich angenommen. Ein Angebot von O2, das Gratistelefonate garantiert, wenn einen der Angerufene nicht erkennt, wird als dubios empfunden. Andere Anbieter werben damit, dass man bei ihnen nur dann etwas zahlt, wenn man angerufen wird. Die Firmen verschweigen aber, dass sie den Kunden etwa 30-mal pro Tag anrufen werden, um sich zu erkundigen, ob er mit dem Tarif zufrieden ist.

Was muss ein Pürierstab des 21. Jahrhunderts können?

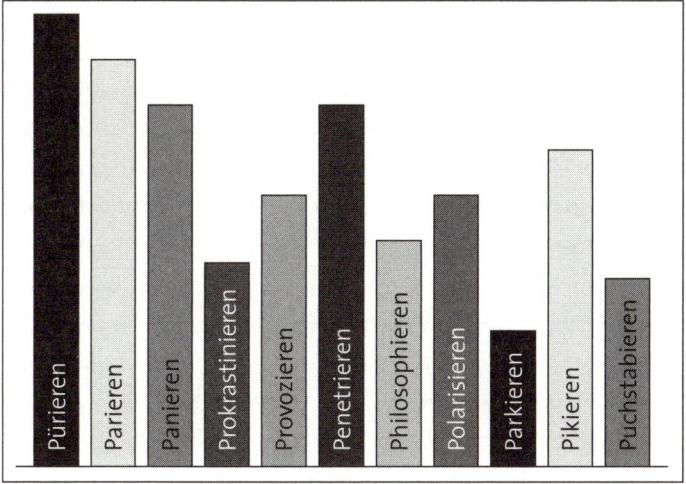

(Quelle: Eine breiige Masse aus der Gegend von Remscheid)

Duschkopfpflege

Gibt es intelligentes Leben im Badezimmer? Diese Frage können wir endlich mit Ja beantworten, denn amerikanische Forscher fanden heraus, dass sich in handelsüblichen Duschköpfen jede Menge Bakterienkolonien ansiedeln können. Es spricht für die praktische Intelligenz dieser Lebewesen, dass sie sich in Duschköpfen und nicht in Abflüssen niederlassen. Den Rest kennen wir ja, irgendwann bilden sich Schnecken, Würmer oder Asseln, und spätestens wenn die ersten Duschkopffüßler aus Ihren Armaturen kriechen, wissen Sie, dass in Ihrem Badezimmer die Evolution voll im Gange ist. Faszinierende Sache. Bald entstehen Fische, Duschschlauchschildkröten, Siphonmolche und Ähnliches, und wenn Sie die ersten Wasserhähne krähen und das Quietscheentchen von alleine quietschen hören, dann ist das Vogelstadium erreicht. Es könnte recht schnell sehr eng werden, denn Säugetiere brauchen doch meistens mehr Platz. Denken wir nur an die Wasserspartastenratte oder den Klobrillenbär. Bis zur Entstehung menschlichen Lebens ist es dann nicht mehr weit. Seien Sie aber misstrauisch, wenn Ihnen morgens jemand begegnet, der Allibert heißt.

Evolutionspflege

Amerikanische Forscher haben herausgefunden, dass die Evolution keineswegs zum Stillstand gekommen ist und die natürliche Selektion immer weiter fortschreitet. Daten einer Langzeitstudie legen beispielsweise den Schluss nahe, dass die Frauen in Zukunft kleiner und dicker sein werden. Wenn sich diese Entwicklung zuspitzt, haben wir in wenigen Jahren 30 Zentimeter kleine Frauen, die aber 170 cm breit sind. Schuhproduzenten arbeiten bereits fieberhaft an der Entwicklung eines bequemen Schuhs mit einem Fußbett von 50 Zentimetern Durchmesser und 140 Zentimeter hohen Absätzen. Unklar ist noch, in welche Richtung sich die Männer entwickeln werden. Nach unseren, allerdings nicht empirischen, Beobachtungen an ausgewählten Kiosken und Wasserhäuschen könnten Männer bald genauso breit wie hoch werden und damit praktisch eine quadratische Gestalt annehmen. Fortpflanzung wäre auf dem traditionellen Weg nicht mehr denkbar, Zellteilung oder Fremdbestäubung könnten zum neuen Trend werden. Spannend wird es, ob aus der Verbindung von rechteckigen Frauen und quadratischen Männern trapezförmige oder dreieckige Kinder hervorgehen.

Sexpflege

Drei Viertel aller Männer gaben in einer Umfrage der »Apotheken Umschau« an, dass sie sich eine Beziehung ohne Sex nicht vorstellen könnten. Man fragt sich unwillkürlich, was das für Männer sind, die an einer Umfrage der »Apotheken Umschau« teilnehmen. Sind das Apotheker oder Tablettenabhängige? Oder Umfragesüchtige? Mehr als die Hälfte der befragten Frauen erklärten jedenfalls, sie würden lieber mit dem Partner kuscheln, als mit ihm zu schlafen. Frauen verwechseln Männer also mit einem Plüschtier oder einer Schmusedecke. Der Mann wird vollkommen zweckentfremdet eingesetzt, kein Wunder, dass immer weniger Kinder geboren werden. Dafür gibt es immer mehr Plüschtiere und Schmusedecken. Das kommt vom vielen Kuscheln. Ungeschützter Verkehr mit einem Plüschferkel kann aber unerwünschte Folgen haben. Und Plüschtiere sind Sozialschmarotzer, sie zahlen keine Krankenkassenbeiträge. Darüber steht nichts in der »Apotheken Umschau«. Man erfährt auch nicht, dass sich 98 Prozent aller Männer Sex ohne Beziehung sehr gut vorstellen können. Aber nur zehn Prozent können sich Sex mit Plüschtieren ohne Beziehung und Kuscheln vorstellen.

Tiertransportbehälterpflege

Der ADAC hat Tiertransportbehälter getestet und ist dabei zu dem Ergebnis gekommen, dass eine verschlossene Box im Kofferraum die sicherste Methode ist. Man darf das Tier nur nicht dort vergessen, sonst droht eine erhebliche Geruchsbelästigung. Nicht empfehlenswert scheint es, Haustiere wie Hunde oder Katzen auf dem Rücksitz oder dem Beifahrersitz zu chauffieren, selbst wenn sie angeschnallt sind. Ein Wellensittich hat im Handschuhfach genauso wenig verloren wie ein Goldfisch. Ähnliches gilt für Kreuzspinnen oder Goldhamster. Immer wieder stellt sich die Frage, ob man ein Tier ans Steuer lassen sollte. Das ist bei größeren Hunden wie Doggen, Collies oder Bernhardinern meistens unbedenklich. Man muss allerdings darauf achten, dass das Fenster geöffnet ist, denn Hunde fahren nach Witterung. Dackel neigen zu ruckartigen Lenkbewegungen, Riesenschnauzer zu Beamtenbeleidigung. Die meisten Tiertransportboxen eignen sich übrigens auch sehr gut für Kinder. Transportboxen für größere Tiere wie Nashörner, Elefanten oder Giraffen sind meist überteuert, hier empfiehlt der ADAC, das Tier auseinanderzuschrauben und in Einzelteilen mit der Post zu verschicken.

Tierpflege

Der Deutsche Tierschutzbund warnt vor lebenden Weihnachtsgeschenken und erklärt: »Ein Tier ist kein Spielzeug, das man bei Nichtgefallen umtauschen kann.« Ähnliches beklagen auch Verbraucherschutzorganisationen. Noch immer wird auf Haustiere keine Garantie gegeben. Als Grund führen die Geschäfte an, dass sich der Hersteller nicht eindeutig ermitteln lasse. Letztendlich sei ja Gott als Produzent eines Meerschweinchens anzusehen, Beschwerden müssten also an seinen Firmensitz in Rom gerichtet werden. Doch das Büro des Papstes kann sich nicht auch noch mit Reklamationen wegen eines undichten Drahthaarterriers oder eines falsch singenden Kanarienvogels beschäftigen. Selbst wenn der Vogel auf Latein singt, fällt das nicht in die Zuständigkeit der katholischen Kirche. Verbraucherschützer fordern, nur Tiere mit gültigem TÜV-Siegel zu kaufen. Bei Katzen sollte man sich kein schnurrloses Exemplar aufschwatzen lassen, Goldfische, die sich nur auf der Wasseroberfläche treiben lassen, sind eher zweite Wahl, dafür spart man die Futterkosten. Papageien mit Migrationshintergrund sollten trotzdem akzentfrei Deutsch sprechen.

Wegwerfpflege

Verschiedene Politiker haben sich für ein Verbot der Plastiktüte ausgesprochen. Sie behaupten, die Tüte werde mit hohem Energieaufwand hergestellt und verschandele die Landschaft. Die Plastiktüte sei ein Symbol für die Wegwerfgesellschaft. Klingt vernünftig, aber kann man die Plastiktüte einfach so abschaffen? Gibt es nicht längst Tierarten, die sich hauptsächlich von Plastiktüten ernähren? Wie soll denn der Konsument ohne Plastiktüte die Waren aus dem Laden tragen? In der hohlen Hand? Und was ist denn eigentlich gegen eine funktionierende Wegwerfgesellschaft einzuwenden? Es gilt als gesund, Dinge wegzuwerfen, sich davon zu befreien. Wer es nicht tut, leidet am Vermüllungssyndrom, hat bald keinen Platz mehr in der Wohnung und wird als »Messie« bezeichnet. Unsere größten sportlichen Erfolge verdanken wir der Tatsache, dass wir eine vorbildliche Wegwerfgesellschaft sind. Wir liefern Spitzenleistungen im Kugelstoßen, Diskus-, Speer- und Hammerwerfen und im Handball. Alles Sportarten, bei denen nur der gewinnt, der etwas gekonnt wegwerfen kann. Ein Mann wie Dirk Nowitzki verdient Millionen damit, dass er einen Ball in einen Papierkorb wirft, der drei Meter über ihm hängt.

Verpackungspflege

Pünktlich zu Ostern wurde in Deutschland die sogenannte Fertigpackungsverordnung abgeschafft. Ostereier können nun endlich in Quaderform, Schokolade darf in Bierflaschen und Bier in Tafeln angeboten werden. Zehn Liter Mineralwasser dürfen in einer 250-Gramm-Zwiebacktüte verkauft werden, falls die Hersteller das irgendwie hinkriegen. Es heißt, die Firmen könnten jetzt flexibler auf die Kundenwünsche eingehen und Butter in einer zwei Meter langen Stange anbieten, weil die Verbraucher die langweiligen Butterpäckchen satt haben. Mozzarella wird in staubtrockenen, knäckebrotartigen Scheiben dargereicht, während Milch tiefgefroren, klein gehackt und mit Paprika gewürzt in Chipstüten verkauft werden soll. Rotwein wird im Tetrapak mit eingebauter Salzkammer ausgeliefert, damit man die Flecken gleich entfernen kann. Ferrero bietet Schokolade, Likör und Kirschen getrennt an und verkauft »Mon Chéri« als Bausatz. Besonders erfreut werden die Verbraucher über die 500-Meter-Rolle Küchenkrepp und über das Vollwaschmittel in der günstigen Zwei-Zentner-Packung sein. Und über die drei tiefgefrorenen Erbsen in der Ein-Kubikmeter-Packung.

Handwerkerpflege

Handwerkerrechnungen sind oft problematisch. Viele Posten versteht man nicht, und den Rest kann man kaum nachvollziehen. Deshalb bieten Verbraucherzentralen einen Ratgeber unter dem Titel »Handwerker und Kundendienste« an. Darin erfährt man zum Beispiel, dass man keineswegs verpflichtet ist, einem Installateur einen dreiwöchigen Aufenthalt auf den Malediven zu bezahlen, weil er vor der Reparatur eines Rohrbruchs erst noch einen Schwimm- und Tauchkurs absolvieren musste. Ein Brötchen mit luftgetrocknetem Schinken darf nicht als Sonderposten »Mittagspausencatering« abgerechnet werden. Ein Reifendienst, der nach der Montage von Winterreifen mit dem Wagen des Kunden eine Testfahrt in die Dolomiten unternimmt und das als Arbeitszeit in Rechnung stellt, handelt unseriös. Schlüsseldienste dürfen keine Feiertagsgebühren oder Nachtzuschläge von 3 000 Euro erheben, selbst wenn sie mit einem Stemmeisen aus Platin und einer goldenen Kreditkarte gearbeitet haben. Ein Elektriker darf nach einem Stromausfall auch keine 8 000 Euro berechnen, nur weil er dank eines zwölf Kilometer langen Verlängerungskabels den Strom von zu Hause mitgebracht hat.

Hautpflege

Wenn man die Nacht ungeschützt unter einem sternenklaren Himmel verbringt, muss man dann mit starken Hautirritationen rechnen? Viele der am Himmel sichtbaren Sterne sind schließlich Sonnen. Wegen der großen Entfernung wird der Sonnenbrand aber erst nach 300 bis 350 Jahren sichtbar. In diesem Zusammenhang passt ein Hinweis der Stiftung Warentest. Wer Sonnencreme aus dem vergangenen Jahr übrig hat, kann sie ruhig noch einmal verwenden. Hersteller empfehlen, die Behälter innerhalb eines Sommers auszutrinken oder auf die Haut aufzutragen. Viele Menschen sind aber überfordert, an den fünf bis sechs heißen Tagen im Jahr eine ganze Flasche Sonnenmilch in ihren Körper einzumassieren. Man kann deshalb davon ausgehen, dass die meisten Sonnenschutzmittel in deutschen Haushalten im Schnitt zehn Jahre alt sind, was man an den DM-Preisen erkennen kann. Mehr als 70 Jahre alte Bräunungsmittel sollten aber entsorgt werden, sie wurden damals von der NSDAP als Geschenk an neue Parteimitglieder verteilt. Schutzmittel aus der ehemaligen DDR sind praktisch wirkungslos, der Sonnenbrand war dort ideologisch erwünscht, es hieß nicht umsonst: »Der Osten ist rot.«

Imitatpflege

Vor Kurzem wurden wir durch Enthüllungen über Analogkäse geschockt, nun hat eine Analyse hessischer Lebensmittelkontrolleure ergeben, dass in Gaststätten statt Kochschinken sehr oft ein Schinkenimitat serviert wird. Dieser Schinkenersatz enthält teilweise weniger als 40 Prozent Fleischanteil und erreicht damit beinahe die Werte der hessischen Fleischwurst, die traditionell nur zehn Prozent Fleisch enthalten darf. Der Rest besteht aus Küchenabfällen der Region. Schinkenimitate gelten als aktiver Beitrag zum Tier- und Klimaschutz, weil sich aus einem Schwein jetzt dreimal so viel Schinken wie bisher gewinnen lässt. Eines Tages könnte Schinkenimitat sogar zu 100 Prozent aus Imitat bestehen und würde damit perfekt zu einer leckeren Pizzaattrappe mit Analogkäse und Sardellenersatzstoffen passen. Ein Vertreter des Gaststättengewerbes erklärte, er verstehe die Aufregung nicht, der Verbraucher sei doch an solche Produkte gewöhnt. Bei Ikea gebe es ja auch keine echten Möbel, sondern Möbelimitate. Selbst Rainer Brüderle sei nur ein Wirtschaftsministerimitat mit einem Kompetenzanteil von höchstens 20 Prozent.

Buttermilchpflege

Ein Test der Verbraucherzentrale Hamburg und der Eichdirektion Nord hat ein schockierendes Ergebnis zutage gefördert: 92 Prozent aller Buttermilchbecher waren unterfüllt, es war also zu wenig drin. Pro Jahr wird der Verbraucher um über 100 Tonnen Buttermilch betrogen. Die Buttermilch verarbeitende Industrie schwimmt im Geld, das sie mit nicht vorhandener Buttermilch verdient hat. Wie ist das möglich? Es muss an der Ware liegen. Es kostet ja immer eine gewisse Überwindung, Buttermilch zu konsumieren. Der Verbraucher ist sogar froh, wenn er nicht so viel Buttermilch trinken muss wie auf der Packung angegeben. Er wird gerade die Sorte besonders schätzen, deren Becher am unterfülltesten ist. Mit Beschwerden ist deshalb kaum zu rechnen. Viele Menschen wären wahrscheinlich sogar bereit, für einen komplett leeren Becher Buttermilch zu bezahlen. Trotzdem wird die Angelegenheit jetzt gesetzlich geregelt, die Produzenten müssen die vorenthaltenen Buttermilchmengen kostenlos nachliefern, und zwar als Mousse au chocolat. Und ab sofort soll auf jedem Becher vermerkt werden: »Achtung! Kann Spuren von Buttermilch enthalten.«

Eierpflege

Schon wieder erschüttert ein Skandal eines der schwächsten Glieder unserer Nahrungskette: das Ei. Eine ostdeutsche Firma soll Eier aus Käfighaltung als Bioeier umetikettiert haben. Die Hühner mussten die Eierstempel sogar selber fälschen, damit man keine Fingerabdrücke finden konnte. Bekanntlich soll der Verbraucher anhand des aufgestempelten Zahlencodes erkennen können, aus welcher Haltungsform das Ei stammt: Die Null steht für Bio, die Eins für Freiland-, die Zwei für Boden-, die Drei für Käfighaltung, die Vier für Eier, die unter Folterandrohung gelegt wurden, die Fünf für Eier aus Guantanamo, die Sechs für Eier aus Gammelfleisch und die Sieben für antiquarische Eier, die älter als ein Jahr sein müssen. Naturschutzorganisationen fordern schärfere Kontrollen, Hühner sollen mit elektronischen Fußfesseln ausgestattet werden, damit man weiß, ob sie sich im Käfig, am Boden, im Frei- oder im Bioland aufgehalten haben. Außerdem soll vor allem der Arbeitstag von Käfighühnern lückenlos von Kameras dokumentiert werden. Deshalb werden die Hühner ab sofort in Lidl-Filialen untergebracht.

Brokkolipflege

Immer wieder hören wir von neuen unglaublichen Heldentaten des Brokkoli. Kaum ein Gemüse hat eine bessere Presse als dieser Verwandte des Blumenkohls. Gerade fanden Forscher heraus, dass Brokkoli die Schwächung des Immunsystems im Alter aufhalten könnte. Brokkoli enthält aber auch viel Vitamin C, er platzt vor Kalzium, Magnesium, Eisen, Zink und Kupfer und eignet sich als Kleinwagenbrennstoff und als Sättigungsbeilage. Er ist gut für das Gedächtnis, für die Potenz, für die Verdauung. Und mit Sicherheit ist der Brokkoli das intelligenteste aller Gemüse. Einfache Additions- und Subtraktionsaufgaben könnte er lösen, wenn wir nur seine Sprache verstehen würden. Theologen nehmen an, dass der Brokkoli sogar religiös ist, man weiß nur nicht ganz sicher, ob evangelisch oder katholisch. Vielleicht wird schon bald ein Brokkoli als erstes Gemüse zum Papst ernannt. Es wäre auf jeden Fall der gesündeste Papst aller Zeiten. Wenn jetzt herauskommen würde, dass Sigmar Gabriel eigentlich aus einer alten Brokkoli-Familie stammt, würden seine Umfragewerte sprunghaft ansteigen. Im Moment aber gilt Helmut Schmidt als der Brokkoli der SPD, während Gabriel bloß die Steckrübe ist.

Vor 30 Jahren wurden wir von einem Kettenraucher und einem Sachsen mit Riesenohren vertreten, jetzt regieren eine Frau und ein bekennender Homosexueller. Wer regiert uns in 30 Jahren?

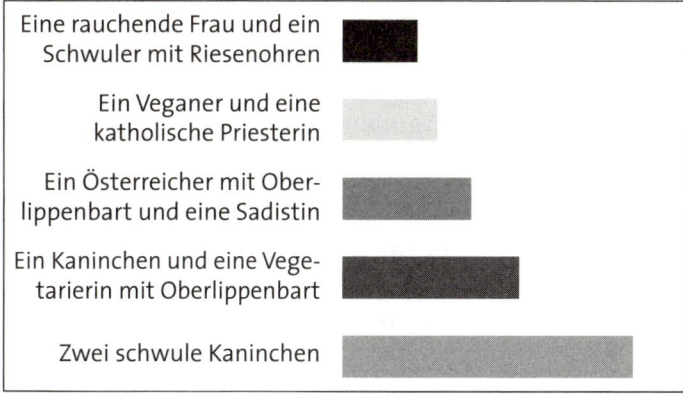

(Quelle: Pressestelle des deutschen Bundestages)

Kürbispflege

Halloween hat hierzulande den Reformationstag völlig verdrängt. 80 Prozent aller Deutschen sind überzeugt, dass Luther 95 Kürbisse an die Tür der Schlosskirche in Wittenberg genagelt hat. In der Eisenacher Wartburg hat man sich bereits mit dem neuen Trend arrangiert. Dort wird den Besuchern stolz der Fleck präsentiert, der entstand, als Luther einen Kürbis nach dem Teufel warf. Populär ist das Fest bei Kindern und Jugendlichen, die sich besonders für das Aushöhlen von Kürbissen begeistern. Der Vorgang versinnbildlicht für die einen den allgemeinen Hirnschwund durch Privatfernsehen und Internet, während die anderen glauben, der ausgehöhlte Kürbis vertreibe böse Geister, die sich vor nichts so sehr fürchten wie vor hohlen Kürbissen. Der Kürbisanbau in Deutschland hat gigantische Ausmaße angenommen. Es gibt sie in jeder Größe und sogar »precaved«, also vorausgehöhlt. Gentechniker experimentieren auch mit sprechenden Kürbissen, allerdings wurde dementiert, dass es zwei davon in höchste Regierungsämter geschafft hätten. Ein Test ergab nur einen verschwindend geringen Kürbisanteil bei Dirk Niebel und Ronald Pofalla.

Glühweinpflege

Nach einer Untersuchung des Koblenzer Landesuntersuchungs-
amtes ist die Qualität von Glühwein in den vergangenen Jahren kontinuierlich besser geworden, was wohl daran liegt, dass
auch die Reste, aus denen Glühwein traditionell gemischt wird,
hochwertiger geworden sind. Bei Glühwein handelt es sich um
ein ultrahocherhitztes alkoholhaltiges Getränk, dem größere
Staubpartikel beigemischt sind. Nicht verkaufter Glühwein muss
nicht in einem Castorbehälter entsorgt werden, er kann am
nächsten Tag einfach wiederaufbereitet und ausgeschenkt werden. Der Genuss oder vielmehr das Runterschlucken von Glühwein ist für Besucher von Weihnachtsmärkten verpflichtend vorgeschrieben. Erst nach dem Konsum von drei Bechern Glühwein
ist man nach Ansicht von Brauchtumsforschern in der Lage,
die optischen und akustischen Zumutungen eines Weihnachts-
markts ohne gesundheitliche Beeinträchtigungen zu ertra-
gen. Glühweinwinzer wollen nach den ermutigenden Untersu-
chungsergebnissen eine Qualitätsoffensive starten. Sie bieten
Eisglühwein und Jahrgangsglühwein an, der im Eichenfass zu-
sammengekippt wurde. Ab 2011 soll es sogar Glühchampagner
geben.

Gurkenpflege

Die EU-Kommission streicht insgesamt 26 Vorschriften für Obst- und Gemüsesorten. Vor allem die legendäre Gurkennorm wurde zurückgenommen, Gurken dürfen wieder krumm sein oder dreieckig. Möhren, Spargel, Lauch und Schwarzwurzeln können sowohl krumm als auch grün sein. Wie man sie allerdings von Gurken unterscheiden soll, ist noch nicht ganz geklärt. Die EU-Kommission empfiehlt, spezielle Verkaufstermine festzusetzen. Montags ist Möhrentag, sonntags Spargeltag und mittwochs Gurkentag. Ebenfalls neu: das Doppel-»k« in Brokkoli wurde abgeschafft und gegen ein einfaches »g« ersetzt. Das Gemüse heißt jetzt Brogoli, eine Bezeichnung, die sich in Sachsen längst eingebürgert hat. Blumenkohl darf nur noch von ausgebildeten Floristen verkauft werden, der Handel sollte vor allem am Valentinstag größere Mengen davon bereithalten. Blaukraut bleibt dagegen Blaukraut, aber Äpfel und Birnen dürfen in Zukunft miteinander verglichen werden. Radieschen können als Erdbeeren deklariert werden, sobald sie weich genug sind. Kürbisse von mehr als 20 Kubikmeter Umfang gelten jedoch nicht mehr als Lebensmittel, sondern als Doppelhaushälfte.

Krisenfernsehpflege

Die Krise hat nun auch das Fernsehen erreicht. Produzenten melden einen Auftragsrückgang von 30 Prozent, und wer genau hinschaut, entdeckt überall nur noch Sparprogramme. Die »Tagesschau« wiederholt ihre Nachrichten tagelang, wobei die Sprecher weder den Gesichtsausdruck noch die Krawatte wechseln dürfen, die Wetterkarte wird nur noch einmal pro Woche erneuert. Es sollte deshalb niemanden wundern, wenn es sieben Tage durchregnet. Vier »Tatort«-Ermittler müssen sich inzwischen einen Mord teilen. Wenn in Köln gemordet wird, finden sie den Täter erst einen Monat später in Frankfurt. In den Kochshows geht es um Resteaufwärmen, Sparbrötchen und leckere Suppen aus Baumrinde und Sauerampfer mit Mooseinlage. Bei Leichtathletikwettbewerben starten alle Läufer gleichzeitig, manche hören nach 100 Metern und manche erst nach 42,19 Kilometern auf. Kugel, Diskus, Speer und Hammer werden eingeschmolzen, es gibt nur noch ein Wurfgerät, die Disziplin heißt Klumpenstoß. Spart alles teure Sendezeit. Schwere Zeiten auch für Anne Will und Maybrit Illner: Da für Gäste kein Geld vorhanden ist, müssen beide Selbstgespräche führen – und zwar möglichst kontroverse.

Tiere, die verkleidet im Fernsehen auftreten

Florian Silbereisen	Borderline Collie
Tom Buhrow	Buschbaby
Marietta Slomka	Zobel
Oliver Pocher	Nacktmull
Mario Barth	Spulwurm
Anne Will	Irish Setter
Johannes B. Kerner	Schwamm
Maybrit Illner	Biber
Claus Kleber	Pelikan
Johann Lafer	Alfons Schuhbeck

(Quelle: Ein Eichelhäher, der nicht genannt werden möchte)

Nachrichtenpflege

Trotz Krise sendet das ZDF seine Nachrichten aus einem brand-
neuen Studio. Das »heute-journal« verwendet keine Trommeln, Rauchzeichen und Signalraketen mehr, sondern moderns-
te Technik. Das Studio hat ein neues Design, das von einem
Potsdamer Architektenbüro entwickelt wurde. Die Moderatoren
wurden den Möbeln angepasst und fügen sich nun perfekt in
das Gesamtbild ein. Man »arbeitet mit 3-D-Animationen in vir-
tuell geschaffenen Erklärräumen«. Claus Kleber und Marietta
Slomka können also jederzeit animiert werden und erleben als
Trickfilmfiguren Abenteuer in der ganzen Welt. Mal tauchen sie
in der UN-Vollversammlung auf und erschrecken den General-
sekretär, oder sie springen Ronald Pofalla aus der Aktentasche.
Dank der neuen Technik ist alles möglich. Man kann auch Steffen
Seibert oder Petra Gerster an einen anderen Ort beamen, beispielsweise mitten in irgendein deutsches Wohnzimmer, das sie
dann sofort in einen »Erklärraum« verwandeln. Die Nachrichten
werden von erfahrenen Drehbuchschreibern verfasst, wobei das
ZDF Wert darauf legt, dass sich Claus Kleber auch bei Berichten
aus Kriegsgebieten nicht doubeln lässt.

Burnoutpflege

Acht von zehn Menschen sind gestresst, viele arbeiten am Limit oder leiden am Burnout-Syndrom. Das sind erschreckende Zahlen, aber was bedeuten sie eigentlich? Warum sind acht von zehn Menschen überarbeitet? Doch wohl nur, weil sie für die zwei, die sich nicht gestresst fühlen, mitarbeiten müssen. Diese zwei sind es, wegen denen wir ständig am Limit rumrotieren. Und diese zwei sitzen praktisch überall. Im Büro shoppen sie im Internet oder spielen Solitär, anstatt die Korrespondenz zu erledigen. Die zwei sitzen am Postschalter, im Bauamt, in der Kfz-Zulassungsstelle, bei der Fahrkartenausgabe der Bahn, oder sie stehen in der Schlange an der Supermarktkasse vor einem und haben mindestens drei Artikel dabei, auf denen der Preis fehlt. Oder sie fahren völlig entspannt 20 Kilometer mit Tempo 105 auf dem linken Fahrstreifen vor uns her, und wir sind ausnahmsweise mal gestresst, weil wir jetzt nicht am Limit arbeiten können. Die zwei sind es, die uns den letzten Nerv kosten, der uns bei dem ganzen Stress noch geblieben ist. Wenn man diese zwei endlich mal ans Arbeiten bekäme, müssten wir anderen acht nicht ständig am Limit sein.

Terrorcampingpflege

Der Bundestag hat ein Gesetz verabschiedet, das den Besuch von Terrorcamps unter Strafe stellt. Das war sicher überfällig, große Teile der Bevölkerung wissen allerdings gar nicht, woran man einen gut geführten Terrorcampingplatz erkennt. Wenn man den ganzen Tag von merkwürdigen Menschen herumkommandiert und zu den absonderlichsten Aktionen aufgefordert wird, befindet man sich nämlich noch lange nicht in einem Terrorcamp, sondern im Club Mediterranée. Wird man dagegen von fanatisierten Menschen bedrängt, die sich mit unverständlichen, gutturalen Lauten verständigen, bedrohliche Lieder singen und orangefarbene Kleidung tragen, dann ist man nicht im staatlich betriebenen Terrorcamp Guantanamo, sondern auf einem Campingplatz im Sauerland mit überwiegend holländischen Besuchern. Wird man jedoch den ganzen Tag mit schauriger Musik beschallt und ist von Leuten umgeben, die in unkontrollierte Zuckungen ausbrechen, muss das noch gar nichts heißen. Wenn aber plötzlich Frank-Walter Steinmeier auftaucht und über seinen Glauben redet, dann ist man nicht auf einem Terrorcampingplatz, sondern auf dem Evangelischen Kirchentag.

Vornamen, mit denen man niemals Bundeskanzler werden kann

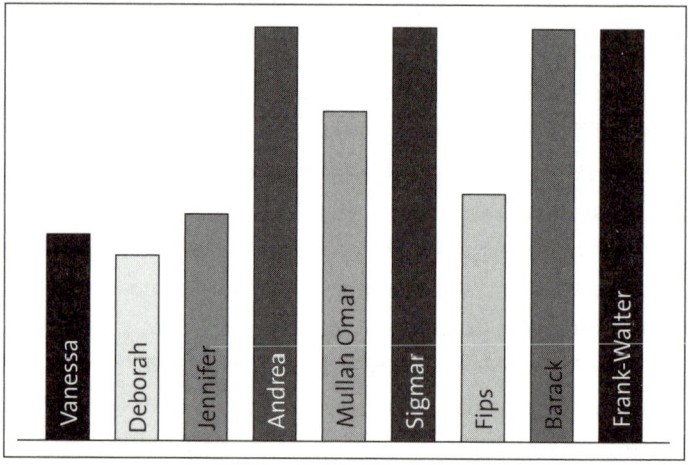

(Quelle: Bundeskanzleramt)

Dresdenpflege

Seit Dresden den Titel »Weltkulturerbe« verloren hat, wurden auch die Zahlungen aus dem Kulturfonds der Bundesregierung eingestellt, und auch sonst ändert sich einiges. Der Abriss der Frauenkirche ist nur noch Formsache, der Umbau des Grünen Gewölbes zu einem Parkhaus scheint ebenfalls unumkehrbar. Die Stadt wurde über Nacht praktisch wertlos, und das alles wegen einer neuen, hässlichen Brücke. Dabei hat Dresden schon mehrere Brücken, die beidseitig begehbar sind und genau von einem Ufer der Elbe zum anderen reichen. Genauso wenig wie mit dem Titel »Weltkulturerbe« darf sich die Stadt mit dem Prädikat »Elbflorenz« schmücken. Im Gespräch sind Namen wie »Sachsenbronx« oder »Elbghetto«. Der Stadtrat hat die Anweisung, alle 50 Meter brennende Mülltonnen in der Innenstadt aufzustellen sowie dunkelhäutige Mitbürger mit großen tragbaren CD-Playern durch die Straßen laufen zu lassen. Als flankierende Maßnahme sollen 500 Streetworker angesiedelt werden. Sämtliche Baudenkmäler müssen entweder gesprengt oder an Leipzig oder Chemnitz weitergegeben werden. Außerdem plant die Bundesregierung, Dresden bald zur Atommüllendlagerstätte umzubauen.

Volkspflege

Die Versorgung der deutschen Bevölkerung mit verschiedenen Impfstoffen gegen Schweinegrippe sorgt für Aufregung. Von Zweiklassenmedizin ist die Rede, denn Politiker, Soldaten und Spitzenbeamte wurden mit einem besseren, verträglicheren Mittel als der Rest der Bevölkerung behandelt. Nach dem endgültigen Abklingen der Pandemie leben also nur Politiker, Soldaten und Spitzenbeamte in Deutschland. Eine Chance, die wir nutzen sollten, anstatt uns über angebliche Ungerechtigkeit aufzuregen. Die Parteien können dank Schweinegrippe endlich ohne das verbrauchte, überalterte und undankbare Volk regieren. In den Zeitungen der Welt werden Stellenangebote veröffentlicht: »Funktionstüchtige, geimpfte Regierung sucht begeisterungsfähige Bürger ab 18 Jahren und bis 80 Kilogramm. Wenn Sie Lust haben, in einem jungen Team am Aufbau eines neuen Volks mitzuwirken, melden Sie sich unter 0180 / 272 00 00 (länger klingeln lassen, nach Angela fragen!). Begrüßungsgeld von 500 Euro garantiert!« Dank der überlebenden Soldaten kann man die Neubürger sogar zwangsverpflichten, und dank der Spitzenbeamten wird das Begrüßungsgeld gleich wieder als Volksaufbausoli eingezogen.

Kulturkrisen
Dichter, Denker, Depressionen

Kultur, *die*, sollte jeder haben, weil sonst die → *Zivilisation* am → *Arsch* ist. Aber so was von! Ohne Kultur läuft in → *Deutschland* gar nichts. Jeder Mensch wird zunächst als Kulturbanause geboren, mit ein bisschen → *Anstrengung* kann er es zum → *Kulturschaffenden* oder sogar zum → *Kulturstaatsminister* bringen. Fast jede Zeitung, die etwas auf sich hält, hat einen Kulturteil. Der eignet sich besonders zum Aufsaugen von → *Nässe* in → *Kunstlederschuhen*. Besonders beliebt sind → *Joghurtkulturen*, aber nur die linksdrehenden. Gern gesehen ist auch die → *Freikörperkultur*, allerdings nur, wenn ein → *Körper* vorhanden ist, dessen Kultivierung sich lohnt. Nicht so beliebt sind → *Pilzkulturen*, die sich auch zwischen den → *Zehen* ansiedeln können. Das ist dann ein → *Kulturschock*. Kultur wird aber als störend oft empfunden, wenn sie mit Geräusch verbunden (→ *Zwölftonmusik*). Es gibt die → *Unternehmenskultur*, die → *Trauerkultur*, die → *Hefekultur*, die → *Fernsehkultur*, die → *Esskultur*, die → *Lesekultur*, die politische Kultur oder die → *Internetkultur*, insgesamt gibt es 1585 offiziell genehmigte Kulturen. Zur Aufbewahrung der verschiedenen Kulturen dient die → *Kulturtasche* oder der → *Kulturbeutel*.

Lexikon der Wahnideen, Band 17

Buchbranchenkultur

Trotz der Rezession ist die Buchbranche optimistisch und erwartet sogar ein leichtes Umsatzplus. Während die Stahlindustrie unter einer Auftragsflaute stöhnt, sind Bücher gefragter denn je. Die meisten Menschen nehmen natürlich lieber ein Buch als einen Stahlträger mit ins Bett. Der Bücherboom lässt sich aber auch noch anders erklären. Sollten Erdöl und andere Energieträger zu teuer werden, kann man eine Zeit lang mit Büchern heizen, das gilt sogar für Werke wie »Die Asche meiner Mutter«. Vorsicht, beim Verbrennen des Ikea-Katalogs kann Formaldehyd frei werden. Darüber hinaus bieten Bücher die Möglichkeit, aus der Krise in Fantasiewelten zu flüchten, ohne gegen das Betäubungsmittelgesetz zu verstoßen. Bücher mit verlockenden Titeln wie »Ich bin dann mal weg«, »1 000 ganz legale Steuertricks« oder »Schlank im Schlaf« verheißen den Lesern eine bessere Welt. Vermeiden sollte man Werke wie »Angela Merkel – die Frau mit den hundert Gesichtern«, 28 Seiten, € 59,95, oder »Mein Deutschland – wofür ich stehe« von Frank-Walter Steinmeier. Ebenfalls eher deprimierend: »Mein Deutschland – wofür ich gesessen habe« von Christian Klar.

Partykultur

Im vergangenen Jahr wurden die meisten Buchmessenpartys eingespart oder reduziert. Der Rowohlt Verlag konzentrierte sich ausschließlich auf die Getränkeausgabe. Es wurden Bilder von Nahrungsmitteln an die Wand projiziert, während man sich die Einschenkgeräusche verschiedener Alkoholika kostenlos als Klingelton herunterladen konnte. Der legendäre »FAZ«-Empfang fand bei Frank Schirrmacher zu Hause statt. Alle Gäste bekamen am Eingang ein üppig belegtes Schmalzbrot überreicht und wurden, während der Hausherr auf ihr Wohl trank, unverzüglich zum Hinterausgang weitergeleitet. Der Fischer Verlag teilte seinen Autoren brieflich die Partytermine anderer Verlage mit. Auch an den Messeständen wurde das Angebot spärlicher. Hungrige Autoren bei Diogenes mussten ihre Restauflagen verzehren und mit Leitungswasser hinunterspülen. Experten bezweifeln, dass die deutsche Literatur den plötzlichen Alkoholentzug verkraftet. Das Gastland China bot verzweifelten Autoren die Raubkopie einer Buchmessenparty an, allerdings waren die Getränke nur eingeschränkt funktionsfähig und albanisch untertitelt.

Buchmessenkultur

Auf der diesjährigen Buchmesse werden erstmals mehr Autoren als Fachbesucher und Leser erwartet. Circa 230 000 Schriftstellern, Journalisten und Fachbuchautoren stehen nur etwa 70 000 Leser gegenüber. Um die wenigen noch vorhandenen echten Leser zu schützen, wird die Buchmessenleitung am Eingang scharfe Kontrollen durchführen, damit sich keine Menschen mit unveröffentlichten Manuskripten einschleichen. Derartiges Material wird sofort beschlagnahmt und noch an Ort und Stelle vernichtet. Zu dramatischen Szenen kam es im letzten Jahr, als eine Leibesvisitation bei einem vornehm gekleideten Herrn ein Manuskript zutage förderte. Sicherheitskräfte zwangen den Mann, die fünf DIN-A4-Blätter sofort aufzuessen. Kurz darauf stellte sich heraus, dass Horst Köhler soeben sein Redemanuskript für das Treffen mit dem chinesischen Ministerpräsidenten verspeist hatte. Gleich vier Ordnungskräfte waren nötig, um ein schnauzbärtiges Breitcordsakko zu überwältigen, das angeblich seine Lebenserinnerungen zum Steidl Verlag bringen wollte. Günter Grass musste die 500 Seiten noch vor Betreten der Messe in der eigenen Pfeife rauchen.

E-Book-Kultur

Alle reden vom E-Book und den Folgen für die Bücher produzierende Industrie, doch die Entwicklung ist längst weitergegangen. Zu Weihnachten werden Microsoft und Amazon den E-Author auf den Markt bringen, der von Verlegern sehnsüchtig erwartet wird. Der elektronische Schriftsteller ist einfach in der Handhabung und kann auch von Praktikanten oder vom Reinigungspersonal bedient werden. Der E-Author wird in fünf Grundeinstellungen ausgeliefert, man kann ihn auf »Buchpreis«, »Büchnerpreis«, »Nobelpreis«, »Kehlmann« oder »Kerkeling« programmieren. Es sind aber Mischprogrammierungen möglich, mit dem Zusatztool »Sick« beispielsweise lassen sich Werke wie »Der Dativ ist dem Genitiv sein Jakobsweg« auf Knopfdruck produzieren. Der E-Author stellt äußerst moderate Honorarforderungen und schmutzt nicht, wenn man ihn allerdings auf »Buchmessenpartymodus« umschaltet, fängt er an zu krakeelen und verlangt, dass man ihm Rotwein ins Laufwerk gießt. Einige Prototypen des E-Author sind bereits im Einsatz, in der Branche vermutet man, dass zumindest Roger Willemsen und Eckart von Hirschhausen schon seit Jahren elektronisch betrieben werden.

Umweltbuchkultur

Der sonst so fortschrittliche Buchmarkt weigert sich, die Auflagen des Umweltschutzes zu erfüllen. Booksharing wird von den Verlagen nicht gerne gesehen. Der Ausstoß von Büchern konnte nicht reduziert werden, ein Null-Energie-Buch ist Zukunftsmusik, obwohl Stephenie Meyer hart daran arbeitet. Besonders im Winter gestaltet sich der Betrieb eines Buches sehr energieintensiv. Die meisten Menschen benutzen es bei Licht und in geheizten Räumen. Häufig wird auch noch Wasser erhitzt, um damit koffeinhaltige Getränke herzustellen, die das Einschlafen bei der Lektüre des neuen Dan Brown verhindern sollen. Immerhin hat der Verlag das Werk zum Schutz des Lesers mit einem aufwendigen Seitenaufprallschutz versehen. Hybridbücher sucht man vergeblich, aber das Elektrobuch macht Fortschritte. Es lässt sich an jeder Steckdose aufladen und sogar im Dunklen lesen, die Lesegeschwindigkeit kann auf 300 Seiten in der Minute gesteigert werden. Der letzte Schrei sind Bücher mit eingebautem Navigationssystem. Damit findet jeder Leser problemlos den Mörder oder den tieferen Sinn eines Romans.

Fusionskultur

Jeder vierte Deutsche liest überhaupt keine Bücher. Das ist das erschreckende Ergebnis einer neuen Studie, die übrigens auch wieder von 25 Prozent unserer Mitbürger nicht gelesen werden wird. Das bedeutet natürlich, dass auf diejenigen, die noch Bücher lesen, immer größere, wenn nicht dickere Aufgaben zukommen. Sie müssen ja all das abarbeiten, was die 25 Prozent liegen lassen. Es besteht dringender Handlungsbedarf. Der Leser sollte da abgeholt werden, wo er steht bzw. sitzt oder liegt, denn im Stehen lesen die wenigsten. Es wird sich nicht vermeiden lassen, dass die Lesestoffproduzenten auf die veränderten Lesegewohnheiten reagieren. Verlage müssen fusionieren, ja, es müssen wohl auch Bücher fusionieren. Es rechnet sich nicht mehr, Wörterbücher für 50 verschiedene Fremdsprachen zu drucken, in Zukunft gibt es nur »Deutsch–Ausländisch«, das muss reichen. »Die Tochter der Wanderhure« lässt sich wunderbar mit »Ich bin dann mal weg« verbinden, Kombititel wie »Der Feuchtgebieteturm« entlasten Leser und Buchhandel, aus Koran und Bibel wird der »Kobel«, was Christen und Moslems einander näherbringt.

Buchleistungskultur

144 Euro gibt jeder Privathaushalt pro Jahr für Bücher aus. Das halten die Verlage natürlich für zu wenig. Aber man muss sich dabei klar machen, dass ein Buch ein sehr unpraktisches Gerät ist. Man kann es zum Beispiel nicht im Dunklen anstellen, im Gegensatz zum Fernsehen, das sich sogar als Lichtquelle zum Bücherlesen gebrauchen lässt. Man kann ein Buch auch nicht nebenbei laufen lassen, sondern muss sich ständig darauf konzentrieren. Das ist ziemlich anstrengend. Das Fernsehen kann man tagelang im Nebenzimmer rumlärmen lassen, ohne auch nur das Geringste zu verpassen. In Büchern gibt es keine aktuellen Sportübertragungen. Aus Büchern erfährt man erst Wochen später, wer Fußballweltmeister geworden ist. Es gibt in Büchern überhaupt keine Live-Übertragungen, sondern nur Aufzeichnungen, oft ganz altes Zeug und das meiste in Schwarz-Weiß. Man kann auch nicht einfach eine Romanfigur anrufen, wenn man eine Frage hat, wie das im »ARD-Buffet« problemlos möglich ist, und gewinnen kann man auch nichts. Vorteilhaft sind Bücher allerdings beim Erschlagen lästiger Insekten. Das geht mit dem Fernseher höchstens einmal.

Fernsehzeitschriftenkultur

Neuerdings gibt es eine TV-Zeitschrift nur für Frauen. Dabei sind doch alle Programmzeitschriften nur für Frauen gemacht. Männer brauchen überhaupt keine. Sie stellen einfach die Kiste an und gucken, was so läuft. Und dann schalten sie so lange herum, bis irgendwo etwas mit Sport oder Gewalt kommt, am besten beides. Frauen wollen dagegen einen richtig netten Fernsehabend verbringen und studieren genau das Programm. Dann machen sie es sich gemütlich und genießen französische Filme, in denen nur geredet wird. Männer planen nicht, ihnen ist es eher peinlich, vor dem Gerät angetroffen zu werden, es muss mehr wie ein Unfall aussehen. Außerdem ahnen Männer, dass immer dann, wenn man mal Zeit und Lust hätte, sowieso nichts Vernünftiges kommt. Das ist uraltes Wissen aus der Steinzeit. Damals musste man tagelang mit dem Speer im Anschlag warten, bis endlich etwas Essbares vorbeikam. Heute lauert der Mann direkt vor dem Bildschirm, bis etwas Passendes auftaucht. Sein Speer ist die Fernbedienung. Da braucht er keine Programmzeitschrift, höchstens einen Wegweiser in der Wohnung, der ihm zeigt, wo der Fernseher steht.

Kochkultur

Eine repräsentative Umfrage ergab, dass die Deutschen am liebsten Tierfilme, Krimis und den Moderator Günther Jauch sehen. Es wäre nun wahrscheinlich zu einfach, einen Film zu drehen, in dem die Verbrecher von Tieren dargestellt werden, die Kommissar Jauch dann überführt. Günther Jauch als Mörder würde ebenfalls nicht funktionieren. Jedenfalls ist klar, warum es im deutschen Fernsehen so viele Kochsendungen gibt. Da kommen Tiere vor, die sind aber alle schon tot. Es liegt also eindeutig ein Verbrechen vor. Der Zuschauer fragt sich: Wer hatte ein Motiv? Natürlich der Koch! Seine Fingerabdrücke sind meistens noch auf Filet, Schnitzel oder Steak zu finden, und mit der Mordwaffe hantiert er unaufhörlich vor laufender Kamera herum. Aber egal, ob der Koch oder seine Handlanger das Tier getötet haben, am Ende wird das Opfer wie zum Huhn, Quatsch, zum Hohn auch noch aufgegessen, und der Sender blendet das Rezept ein, damit die Zuschauer den Mord zu Hause wiederholen können. Die Frage ist: Hätte man ebenfalls eine garantierte Superquote, wenn Johann Lafer Günther Jauch schlachtet und ein niedlicher Eisbär das Ganze moderiert?

Baader-Meinhof-Kultur

Der große Historienfilm »Der Baader-Meinhof-Komplex« wurde von Bernd Eichinger komplett in den Kulissen von »Der Untergang« produziert. Dabei stieß er auch zufällig auf Bruno Ganz. Der Hitler-Darsteller war in der Requisite vergessen worden, musste nur kurz rasiert werden und konnte nun nach NSDAP-Chef Hitler den BKA-Boss Herold mimen. Der Film basiert auf einem älteren Roman von Stefan Aust, ist aber trotzdem kein reiner Kostümschinken. Journalisten, die das Werk vorab gesehen hatten, durften nicht darüber berichten. Bis zum Schluss sollte beim Zuschauer unbedingt die Spannung erhalten bleiben, ob Baader, Meinhof, Ensslin & Co. überleben oder nicht. Es wird im Film sehr viel geschossen, aber nicht andauernd, weil das unrealistisch wäre, denn zwischendurch muss man ja auch mal nachladen oder zielen. Der Film wird allen gefallen, die im Fernsehen gerne »Hinter Gittern«, »Prison Break«, »Cold Case« oder »Raus aus den Schulden« sehen. Eichinger plant nach Welterfolg und Oscargewinn bereits eine Musicalfassung unter dem Titel »Gudrun Get Your Gun«.

Lamakultur

Der Dalai Lama entwickelt sich zu einer regelrechten Landplage. Er ist noch nicht mal richtig weg, da ist er auch schon wieder da. Bald heißt es auf seinen Ankündigungsplakaten: »Jetzt noch wiedergeborener«. Man wird den Verdacht nicht los, hier sei gar nicht die 13. Reinkarnation des Dalai Lama unterwegs, sondern mindestens schon die 28. Wiedergeburt. Woher soll man eigentlich wissen, welcher der echte oder besser gesagt der echtere ist? Denn wahrscheinlich wird die Lamaqualität (oder die Dalaiqualität?) von Wiedergeburt zu Wiedergeburt immer geringer. Was nichts heißen muss, denn selbst der am schlechtesten Erleuchtete ist meilenweit erleuchteter als der beste Unerleuchtete. Trotz aller Erhabenheit bringen seine Besuche in Deutschland Unruhe. Man streitet darum, wer sich diesmal mit ihm unterhalten muss. Wir brauchen deshalb dringend einen Dalaibeauftragten oder einen Lamaminister. Roland Koch wäre die Idealbesetzung: Er wurde in Hessen schon mehrmals wiedergeboren. Wenn der Dalai Lama das nächste Mal kommt, will das Umweltministerium aber erst mal überprüfen, ob seine Erleuchtung mit Energiesparlampen durchgeführt wurde.

Was würden Sie gerne mit dem Dalai Lama unternehmen?

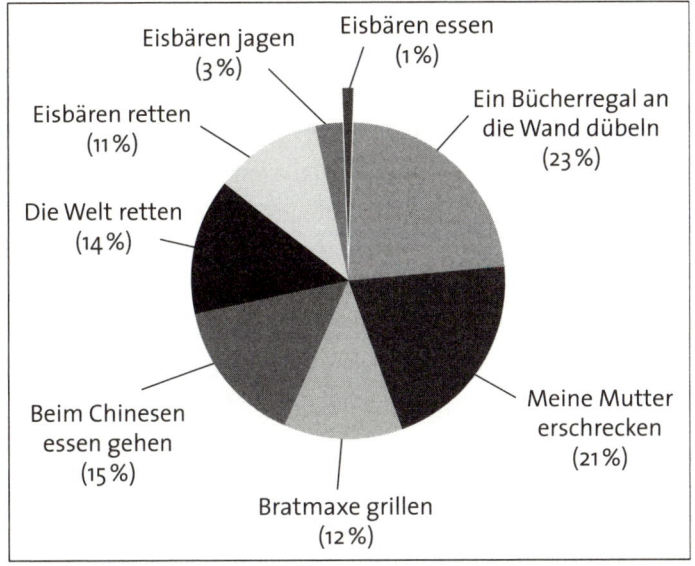

(Quelle: Institut für Freizeitforschung)

Römerkultur

Ein im mittelhessischen Waldgirmes gefundener Pferdekopf aus der Römerzeit wurde kürzlich der Öffentlichkeit präsentiert. Fachleute halten den Fund für ebenso bedeutend wie die Himmelsscheibe von Nebra. Ein gewagter Vergleich. Die Himmelsscheibe ist etwa 2 000 Jahre älter, und sie vermittelt uns anschaulich, wie sich die Menschen damals eine Scheibe vorgestellt haben. Doch welche Erkenntnisse liefert uns der Pferdekopf? Wir sehen: So also haben sich die Römer ein Pferd vorgestellt bzw. einen Pferdekopf. Er unterscheidet sich nicht von heutigen Pferdeköpfen, was bedeutet, dass es auf diesem Gebiet kaum eine Weiterentwicklung gegeben hat. Archäologen glauben, dass der Kopf zu einem Standbild von Kaiser Augustus gehört. War also Augustus ein Pferd? Oder wurde er als Pferd dargestellt, weil dessen großer Kopf auf die erhöhte Denkfähigkeit des Imperators verweisen sollte? Hier sind die Wissenschaftler gefordert. Bis jetzt wurden noch keine Beine gefunden, was darauf hindeutet, dass römische Pferde möglicherweise beinlos waren, und das würde dann wieder erklären, warum die Varusschlacht verloren ging.

Flötenkultur

Vor einiger Zeit entdeckten Forscher auf der Schwäbischen Alb das wahrscheinlich älteste Instrument der Menschheit, eine etwa 22 Zentimeter lange Flöte aus Flügelknochen. Ein Fund, der uns sehr zu denken geben sollte. Ausgerechnet eine Flöte! Warum hat man denn nicht ein urzeitliches Klavier gefunden oder eine Harfe? Musste es denn unbedingt eine Flöte sein? Sie belegt jedenfalls, dass bereits vor 35 000 Jahren Kinder mit Blockflötenunterricht malträtiert wurden. Wahrscheinlich wird man bald sogar die Überreste der dazugehörigen prähistorischen Jugendmusikschule finden. Wir sind in der Beziehung auf alles gefasst. Uns wundert nur, dass die Flöte so klein ausgefallen ist. Urzeitliche Funde verweisen ja meist auf größere Lebensformen, wir denken da an das Riesenfaultier, den Riesenbiber oder das Mastodon. Von Dinosauriern mal ganz zu schweigen, die musikgeschichtlich keine herausragende Rolle spielten. Die ersten Menschen waren ja ebenfalls eher ungeschlachte Gestalten. Und dazu passend hätte man doch eigentlich auch eine Riesenflöte finden müssen, so eine Art klobiges Fagott, das man nur dank Kiemenatmung spielen konnte.

Orchesterkultur

Verschiedene deutsche Orchester haben wegen der geplanten Sparmaßnahmen im Kulturbereich mit Warnstreiks begonnen. Die Hamburger Philharmoniker verrichteten Dienst nach Vorschrift und weigerten sich, Sechzehntel oder schnellere Noten zu spielen. Radikale Cellisten hatten außerdem den Bassschlüssel versteckt. Die Dortmunder Philharmoniker schalteten dagegen auf Notbetrieb um. So mussten sich Konzertbesucher eine Interpretation von Beethovens Fünfter für Triangel, Klarinette und drei Ukulelen gefallen lassen. Dabei hatte der Komponist mindestens fünf Ukulelen und ein Akkordeon vorgeschrieben. Schlimmer erwischte es die Besucher der Berliner Philharmonie. Sie bekamen Noten und Instrumente in die Hand gedrückt mit der Aufforderung, Vivaldis »Vier Jahreszeiten« selber runterzufiedeln. In München hatte man vorausschauend polnische Ersatzkräfte verpflichtet. Die äußerst preisgünstigen Jurastudenten erwiesen sich jedoch musikalisch als Flop. Das Bielefelder Philharmonische Orchester spielte »Die kleine Nachtmusik« unsauber und atonal, und die Cellisten aßen in leisen Passagen demonstrativ Knäckebrote. Hinterher stellte sich allerdings heraus, dass die Bielefelder Musiker sich gar nicht am Streik beteiligt hatten.

Goethekultur

Das Goethe-Institut hat einen Wirtschaftsbeirat, dem auch der Deutsche-Bank-Chef Josef Ackermann angehört. Ackermann erklärte, er wolle das Firmenvermögen durch die Ausgabe von Wortschatzbriefen erheblich aufstocken. Der Bankchef kündigte an, man werde sich von unrentablen Hilfsverben trennen, auch wolle man sich auf das Kerngeschäft konzentrieren und in Hauptsätze investieren. Nebensätze würden abgestoßen oder abgewickelt. Satzstellungen auf Lebenszeit seien mit ihm nicht machbar. Ackermann beklagte die Unübersichtlichkeit der deutschen Sprache, der Verbraucher könne sich kaum entscheiden. Formen wie das Plusquamperfekt oder Futur II seien veraltet und würden vom Kunden nicht mehr angenommen. Festhalten will er jedoch an den bewährten Abschreibungsmodellen. Beim Goethe-Institut ist man begeistert über Ackermann, den die Öffentlichkeit hauptsächlich mit dem Buchstaben »V« in Verbindung bringt. Sein Engagement ist kein Ausdruck einer Apostrophenstimmung, vielmehr wird Ackermann die deutsche Sprache modernisieren und auf vielen Präpositionen verändern. Der Mann hat schließlich seine Partizipien.

Die Ergebnisse des aktuellen PISA-Tests überraschen. Sachsen und Thüringen liegen im Leistungsvergleich vorne, Bremen und Hamburg hinten. Bremer Schüler sind mehrere Schuljahre zurück, sie können weder lesen noch schreiben, selbst der Gebrauch einfacher Werkzeuge ist ihnen häufig unbekannt. In Hamburg wurde vor Kurzem immerhin das Rad eingeführt, allerdings wird es von der Bevölkerung nur sehr zögerlich angenommen. In Nordrhein-Westfalen, wo viele SPD-Ortsvereine noch von fellbekleideten Schamanen geleitet werden und die Schüler im Winter beim Schein glühender Kohlen ihre Hausaufgaben machen müssen, sind die PISA-Ergebnisse auch nicht gerade ermutigend. In Schleswig-Holstein, das als noch nicht vollständig christianisiert gilt, glauben 55 Prozent der Gymnasiasten, dass die Erde eine Scheibe ist, in Niedersachsen antworteten 21 Prozent der Schüler auf die Frage nach den Namen der Kontinente: »Afrika, Amerika, Borkum, Norderney und Langeoog.« Die hervorragenden Ergebnisse in Sachsen und Thüringen führen Experten auf die traditionell guten Abhörfähigkeiten im Osten zurück, außerdem legten die Schüler von jeder Stunde eine Akte an.

Deutschkultur

Nach dem Willen vieler CDU-Politiker soll Artikel 22 des Grundgesetzes um folgenden Zusatz ergänzt werden: »Die Sprache der Bundesrepublik ist Deutsch, verstanden?« Deutsch wird zurzeit nur in der Gegend von Hannover gesprochen, der größte Teil der Bevölkerung artikuliert sich in vielen unverständlichen Idiomen wie Hessisch, Sächsisch, Pfälzisch oder durch Grunzlaute. Vertreter der türkischen Gemeinde äußerten ihre Zustimmung zur Grundgesetzänderung und erklärten spontan, die deutsche Sprache sei knorke und höre sich gesprochen oft voll krass an. Günter Grass überlegt ernsthaft, sein nächstes Buch auf Deutsch zu schreiben. Angela Merkel, die aus dem Osten Deutschlands stammt, wo es Landstriche gibt, die so arm sind, dass sie noch nicht mal eine eigene Sprache haben, ist gegen die Verfassungsänderung. Andere CDU-Politiker wollen aber noch weiter gehen. Sie fordern, dass man sich vor dem Reden die Hände waschen und Deutsch nicht mit vollem Mund sprechen soll. Ein Sprecher der Polizei erklärte dazu, die Gesetzeslage sei eindeutig: Wer am Steuer auf Deutsch mit dem Handy telefoniere, mache sich strafbar, das Gleiche gelte für alkoholisierte Fahrer, die auf Deutsch herumlallen.

Islamkultur

Laut einer Studie des US-Forschungsinstituts Pew ist jeder vierte Mensch ein praktizierender Muslim. Diese Information hat in unserer Familie große Aufregung hervorgerufen, denn wir sind genau vier Personen. Da stellt sich die Frage: Wer von uns ist Muslim und hat es den anderen nicht gesagt? Keiner von uns hat natürlich etwas gegen Muslime, wir haben noch nicht mal was gegen Protestanten, aber normalerweise halten wir uns über die wichtigsten Veränderungen in unserem Leben auf dem Laufenden. Und die Mitgliedschaft in einer muslimischen Religionsgemeinschaft würde dazu gehören. Könnte es sein, dass wir tatsächlich eines dieser Kopftuchmädchen in unserer Familie haben, die immer wieder so großen Wirbel verursachen? Warum haben wir nichts gemerkt? Wächst das Kopftuch erst noch? Oder ist es doch der Sohn? Er bevorzugt als Ausbildungsort immerhin eine verdächtig östlich gelegene Stadt, in der es teilweise sehr orientalisch zugeht. Aber ob er es in Berlin schafft, fünfmal am Tag Richtung Mekka zu beten, wo er sich doch schon weigert, einmal im Monat zu Hause anzurufen? Wahrscheinlich weil er zu erschöpft vom vielen Beten ist.

Nacktscannerkultur

Deutschland ist gespalten in Nacktscannerbefürworter und Nacktscannergegner. Die neue Technik soll eigentlich nur für mehr Sicherheit sorgen. Fluggesellschaften haben Angst, es könnten sich Exhibitionisten an Bord schleichen. Deshalb wollen sie feststellen, wer unter seiner Kleidung nackt ist. Die meisten Exhibitionisten wirken bekanntlich völlig unauffällig, sie tarnen sich mit korrekter, oft blickdichter Garderobe. Was sich darunter verbirgt, konnte man mit herkömmlichen Durchleuchtungsmethoden nicht erkennen. Erst der Nacktscanner bietet Gewissheit. Es besteht außerdem die Gefahr, dass Menschen Geschlechtsteile an Bord schmuggeln könnten, um sie in Ländern zu benutzen, in denen die Einfuhr verboten ist. Der Fachverband deutscher Gynäkologen protestierte gegen die Aufstellung der Geräte. Das Nacktscannen sei ein hoch komplizierter Vorgang, für den Flughafenangestellte nicht ausgebildet sind. Das Nacktscannen weiblicher Passagiere könne man nur nach mehrjährigem Medizinstudium bewältigen. Ein Vertreter von Weight Watchers begrüßte dagegen ausdrücklich den Nacktscanner, er sei wichtig beim Aufspüren versteckter Fette.

Tarnkappenkultur

Forscher aus den Vereinigten Staaten haben eine Tarnkappe gebaut. Es gelang ihnen damit, ein mikroskopisch kleines dreidimensionales Objekt unsichtbar zu machen. Das berichten begeistert die Tarnkappenfachzeitschriften »Nature« und »Science«. Die Tarnkappe der Wissenschaftler bestand aus Silber und Magnesiumfluorid. Ohne die Leistung der amerikanischen Forscher schmälern zu wollen, müssen wir anmerken, dass Tarnkappenleistungen im mikroskopischen Bereich nur sehr schwer zu beurteilen sind. Da haben wir ganz andere Erfolge vorzuweisen. Es ist uns sogar schon gelungen, dreidimensionale Objekte verschwinden zu lassen, die mit bloßem Auge erkennbar waren. Dazu benötigten wir allerdings eine größere Apparatur aus Plastik und Edelstahl, und der ganze Prozess des Unsichtbarmachens hat immerhin 90 Minuten gedauert. Aber als wir dann in die Waschmaschinentrommel geschaut haben, war eine schwarze Socke tatsächlich für immer weg. Wir können sogar uns selber verschwinden lassen. Dazu setzen wir uns nur im Restaurant an einen Tisch. Stundenlang nimmt kein Kellner von uns Notiz, also müssen wir wohl unsichtbar sein.

Artenkrisen
Das Aussterben und wie man es vermeidet

Arten, *die,* damit bezeichnet man alle Lebensformen, die auf diesem → *Planeten* vorkommen können. → *Ronald Pofalla* ist beispielsweise so eine Art, wenn auch eine sehr merkwürdige. Der → *Art-Director* ist nicht der Chef aller Arten, sondern nur eine Art → *Angestellter.* Das → *Washingtoner Artenschutzabkommen* verbietet den → *Handel* mit frei lebenden, gefährdeten Arten. Ronald Pofalla fällt nicht darunter, weil er im → *CDU-Gehege* in → *Berlin* lebt. Trotzdem darf man aber keine → *Jagd* auf ihn machen und anschließend sein → *Fell* abziehen oder seine → *Füße* als → *Hocker* verkaufen. → *Nashörner* sind dagegen in allen Belangen durch das Artenschutzabkommen geschützt, selbst wenn sie der → *CDU* angehören. Wobei man die → *Parteimitgliedschaft* von Nashörnern unter → *Vorbehalt* beurteilen sollte, denn wegen ihrer → *Kurzsichtigkeit* wissen sie nicht, was sie da unterschreiben. Die meisten Nashörner sind angeblich in der → *FDP*, obwohl die → *Partei* für eine → *Liberalisierung* des → *Hornhandels* eintritt.

Lexikon der rückgratlosen Wirbeltiere, Band 1

Ministerarten

Kürzlich wurde Kristina Köhler als Familienministerin vereidigt. Oppositionelle Politiker kritisierten, es sei höchst bedenklich, einer so jungen und unerfahrenen Frau ein wichtiges Regierungsamt zu überlassen. Die Kanzlerin erklärte dagegen, sie finde es wichtig, dass frische, unverbrauchte Kräfte in die Verantwortung eingebunden würden. Vertreter von Jugendschutzorganisationen zeigten sich entsetzt, weil jetzt schon Kinder politisch missbraucht würden. Es sei mit erheblichen seelischen Schädigungen zu rechnen. Der tägliche Umgang mit Berufspolitikern könne bei sensiblen Kindern Albträume hervorrufen. Außerdem sei es zweifelhaft, ob Kristina Köhler nach ihrer Amtszeit den ganzen Schulstoff aufholen könne. Bundeskanzlerin Merkel versicherte: »Wir haben an alles gedacht. Bei Auftritten nach 18:00 Uhr sind immer die Eltern von Kristina Köhler dabei, und an nicht jugendfreien Debatten darf sie nicht teilnehmen.« Für die SPD besteht aber immer noch erheblicher Klärungsbedarf. Sie will wissen, ob Kristina Köhler neben Klavierunterricht, Reitstunden und der Foto-AG noch genug Zeit für die Ministerarbeit bleibt.

Bedrohungsarten

Jeden Tag verschwinden auf der Erde 150 Arten unwiederbringlich, viele wurden vorher noch nicht mal entdeckt. 40 000 Arten gelten weltweit als bedroht, das zeigte sich auf der UN-Naturschutzkonferenz in Bonn deutlich. Immer mehr Bürger fragen sich inzwischen, ob auch sie bedroht oder vielleicht sogar schon ausgestorben sind, ohne es zu merken. Das Bundesumweltministerium bietet deshalb ein Merkblatt mit den wichtigsten Informationen an. Sie sind höchstwahrscheinlich bedroht, wenn sich bei Ihrem Auftauchen sofort jede Menge Fotografen um Sie versammeln. Wenn Ihr Reihenendhaus in ein Naturschutzgebiet und Ihr Badezimmer in ein Feuchtbiotop umgewandelt wird, könnte das ebenfalls ein Indiz für Ihre Bedrohung sein. Es steht auch sehr schlecht um Sie, wenn sich in Ihrer näheren Umgebung kein passendes Männchen oder Weibchen findet und der Großteil Ihrer Verwandtschaft ausgestopft im Naturhistorischen Museum eingelagert wurde. Wer sich trotzdem nicht sicher ist, sollte einen Blick auf die Lohnsteuerkarte werfen. Steht da »ev«, bedeutet das: »einigermaßen verbreitet«, gefährlich wird es bei den Buchstaben »rk«, denn das heißt nach Angaben des Ministeriums: »riecht komisch«.

Bussardarten

Der Naturschutzbund NABU warnt Jogger vor Bussardattacken. Die Greifvögel könnten in den Dauerläufern eine Gefahr für ihre Jungen sehen und angreifen. Der NABU empfiehlt, Waldgebiete mit Bussardhorsten zu meiden, und mahnt, unter keinen Umständen nach einem Bussard zu schlagen. Geht das nicht ein wenig zu weit? Sollen Ehemänner wirklich tatenlos zusehen, wie ihre leichtgewichtigen Frauen von einem Bussardpärchen ergriffen und durch die Lüfte davongetragen werden, einem ungewissen Schicksal entgegen? Bussarde ernähren sich von Kleinsäugern, heißt es in den Biologiebüchern, aber weiß das der Bussard auch? Zählt eine 160 Zentimeter große Frau für den Bussard nicht doch zu den Kleinsäugern? Hat er für solche Fälle einen Zollstock dabei? Und woher soll man eigentlich wissen, wo sich Bussardhorste befinden? Jede Hackfleischbraterei oder Autowaschanlage ist in Deutschland akribisch ausgeschildert, aber Wegweiser zu Bussardhorsten sucht man vergebens. Liegt man aber erst mal in einem drin, ist es zu spät. Wenn man Glück hat, schaltet sich irgendwann der Außenminister ein, und man wird gegen 20 Kilo Feldmäuse ausgetauscht.

Pinguinarten

Damit das Ökosystem der Antarktis nicht demnächst unter Tausenden von Touristen zusammenbricht, soll die Größe der Kreuzfahrtschiffe begrenzt werden. Genau wie die Zahl der Urlauber, die gleichzeitig an Land gelassen werden. Es hatte in letzter Zeit immer wieder Beschwerden von Pinguinen gegeben, die sich von Touristen belästigt fühlten. Andererseits soll es aber auch zu teilweise gewalttätigen Übergriffen vonseiten der Tiere gekommen sein. Die großen Vögel, die genauso flugunfähig wie Menschen und damit leicht mit ihnen zu verwechseln sind, haben im Laufe der Jahre gelernt, die Bewegungen der Touristen nachzuahmen. Man vermutet, dass mindestens 500 Kaiserpinguine unerkannt an Bord von Kreuzfahrtschiffen gingen, nachdem sie sich zuvor Ausweise und Geld unvorsichtiger Besucher beschafft hatten. Die Vögel seien äußerst clever, nicht von echten Kellnern, Dirigenten oder Beerdigungsunternehmern zu unterscheiden und würden selbst von Ehepartnern nicht entlarvt. Dagegen fällt es den ausgeraubten Touristen oft schwer, sich in eine Pinguinkolonie einzuordnen, obwohl sie oft über erstaunliche Fettreserven verfügen.

Elsterarten

Kognitionsforscher aus Frankfurt und Bochum fanden heraus, dass sich nicht nur Affen, sondern auch Elstern selbst im Spiegel erkennen können. Das haben sie vielen Menschen voraus. Fast alle Männer erkennen sich beispielsweise kurz nach dem Aufstehen überhaupt nicht im Spiegel und weigern sich, den ihnen unbekannten Herrn zu rasieren. Die meisten Frauen, aber auch immer mehr Männer verschwenden kostbare Stunden im Badezimmer, weil sie das Gefühl haben, sie müssten das schadhafte Spiegelbild so weit reparieren, bis sie sich endlich darin erkennen können. Elstern haben den Vorteil, dass sie sich nicht rasieren müssen. Stattdessen verbringen sie den ganzen Tag damit, glitzernde Gegenstände und fremde Eier zu stehlen sowie sich selbst im Spiegel, den sie gerade aus einem Boudoir entwendet haben, zu erkennen. Damit erspart sich die Elster viel Zeit und Probleme. Sie muss nicht, wie andere ungebildete Tiere, einen vermeintlichen Rivalen im Spiegel angreifen, sondern kann sich evolutionär weiterentwickeln. Indem sie die Eier anderer Vögel zerstört, damit die sich nicht auch noch eines Tages im Spiegel wiedererkennen.

Pferdearten

Das Pferd von Isabell Werth ist positiv auf Drogen getestet worden. Es nahm wahrscheinlich regelmäßig Drogen, und seine Besitzerin hat nichts gemerkt, weil sie obendrauf saß. Woher hatte das Pferd den Stoff? Wer steckt dahinter? Werden die ganzen Drogen, die man nicht mehr in Radsportler füllen kann, jetzt etwa an die Pferde verfüttert? Was nehmen Pferde eigentlich so? Military-Reiter geben ihren Tieren wahrscheinlich Marihuana, damit sie lockerer drauf kommen. Springreiterpferde bevorzugen LSD, denn beim Springreiten kommt es darauf an, möglichst high zu sein, sonst reißt man den Doppeloxer um. Das Pferd von Frau Werth nahm Fluphenazin, einen Stoff, der zur Behandlung von Schizophrenie eingesetzt wird. Das Tier hatte eine gespaltene Persönlichkeit und hielt sich für Horst Köhler, konnte aber besser wiehern. Bei aller Kritik ist es gut, dass Drogenabhängige im Reitsport eine Chance bekommen. Auch sie haben ein Recht, sich zu beweisen. Ihre nächste Goldmedaille wird Isabell Werth wahrscheinlich auf dem Rücken des dreijährigen Wallachs Junkie holen, vielleicht reitet sie aber auch die Wunderstute Methadon.

Kuckucksarten

Vogelschützer warnen, dass es der Kuckuck immer schwerer haben wird, sich erfolgreich fortzupflanzen. Er kommt nämlich trotz Erderwärmung erst Mitte April aus Afrika zurück, und da sind inzwischen schon die meisten anderen Vögel, denen er bisher die Aufzucht seiner Jungen übertragen hatte, mit dem Brüten fertig. Man könnte nun sagen, soll der Kuckuck doch einfach brüten lernen, sonst muss er eben aussterben. Aber der Kuckuck war immerhin mal Vogel des Jahres 2008, er wurde nie zum Brüten ausgebildet, das Rumsitzen auf Eiern ist ihm ein Gräuel. Soll die Bundesregierung jetzt etwa ein großes Kuckucksumschulungsprogramm auflegen? Sollen Kuckucke in Zukunft ihre parasitären Neigungen aufgeben und in der Legebatterie arbeiten? Damit wir dann Kuckuckseier essen müssen? Lieber könnten sich die vielen kinderlosen Ehepaare überlegen, ob sie nicht ein paar junge Kuckucke adoptieren und aufziehen wollen. Tierschützer erklärten, sollte es dem Kuckuck nicht gelingen, sich fortzupflanzen, verliere er seinen Titel als Vogel des Jahres. Dann droht ihm Altersarmut, denn er hat keine Kinder, die für seine Rente arbeiten könnten. Jedenfalls kennt er sie nicht.

Mount-Everest-Arten

Ein internationales Team von Bergsteigern plant eine umweltneutrale Mount-Everest-Expedition. Der 8 848 Meter hohe
Mount Everest hatte noch vor 30 Jahren eine Höhe von knapp
6 000 Metern. Achtlos weggeworfene Schneebrillen, Sauerstoffflaschen, Seile, alte Butterbrote und Skelette von erfolglosen Gip-
felstürmern ließen den eher unbedeutenden Berg zum höchsten
der Welt anwachsen. Wenn die umweltneutrale Expedition demnächst aufbricht, wird er wohl schon über 9 000 Meter hoch
sein. Insgesamt beschäftigt man etwa 20 zusätzliche Träger, die
nur für die exakte Mülltrennung verantwortlich sein werden.
500 frostsichere gelbe Säcke sollen den Verpackungsmüll aufnehmen, in transportablen Altglascontainern werden braune,
grüne und weiße Sauerstoffflaschen gelagert. Zwar wird ein
Bote jeden Morgen die aktuellen Tageszeitungen vor den Zelten
der Bergsteiger ablegen, doch die werden dann am Ende in einer
Altpapiertonne zu Tal getragen und fachgerecht entsorgt. Die
Öko-Bergsteiger wollen sogar eine in den USA entwickelte »Berg-
toilette« mitnehmen, wobei allerdings über die Verdauungsge-
wohnheiten von Bergen bisher wenig bekannt ist.

Krähenarten

Geradschnabelkrähen auf Neukaledonien beherrschen die Kunst, drei verschiedene Werkzeuge hintereinander zu benutzen, eine Fähigkeit, die man bisher nur bei einigen Primaten beobachtet hatte. Die geschickten Krähen können sich diese Werkzeuge sogar selber herstellen und sind damit dem Menschen deutlich überlegen, der ja immer erst zu Obi oder Hornbach fahren muss, um sich ein spezielles Werkzeug zu kaufen. Wissenschaftler befürchten, wohl nicht ganz zu Unrecht, der Mensch sei dabei, seine evolutionäre Spitzenstellung einzubüßen. Dann werden die Krähen die Weltherrschaft übernehmen, und wir müssen die Insekten, Schnecken, Raupen und Taubeneier für sie ranschaffen. Wenn es so weit ist, können wir nur hoffen, dass unsere Werkzeuge aus dem Baumarkt dafür reichen. Inzwischen denken viele Handwerksbetriebe darüber nach, verstärkt Krähen einzustellen, die meist nicht gewerkschaftlich organisiert sind. Verbraucherschutzorganisationen raten, statt einem teuren Schlüsseldienst lieber eine Krähe zu rufen, die mit drei Werkzeugen hintereinander die Tür öffnet. Allerdings nur, wenn man im Schloss eine fette Raupe deponiert hat.

Pandaarten

Wissenschaftler aus aller Welt haben das Genom des Riesenpandas entschlüsselt. Sie erhoffen sich dadurch Erkenntnisse über die legendäre Sexmuffeligkeit der Bambusbären und wollen den Tieren helfen, ihre Fortpflanzungsprobleme zu überwinden. Der Riesenpanda ist anscheinend nicht nur zu blöd, sich zu vermehren, er kann noch nicht mal sein Genom für sich behalten. Die Folgen dürften schrecklich sein. Die Tiere werden bald ihren Spitzenplatz auf der Roten Liste verlieren, stattdessen vermehren sie sich wie die Karnickel. Kein Zoo wird sich mehr für die schwarzweißen Bambusfresser interessieren, Forscher in aller Welt brechen ihre Forschungsarbeiten ab. Der WWF verklagt den Panda auf Schadensersatz, weil er als Symboltier unbrauchbar geworden ist. Millionen Schlüsselanhänger, Aufkleber und Tonnen von Briefpapier müssen vernichtet werden. Schon in zehn Jahren gehören bettelnde Pandabären zum normalen Bild unserer Einkaufszonen, manche versuchen ihr Glück als Indiomusiker. Allerdings sind ihre Fähigkeiten sehr begrenzt, und so enden sie als Hartz-IV-Empfänger, Ein-Euro-Jobber oder im Restaurant als »Panda-Platte süßsauer«.

Hundearten

In Australien hat eine Hündin ihrem Herrchen, das einen Herzinfarkt erlitten hatte, das Leben gerettet. Das Tier sprang ständig auf den Brustkorb des Mannes und brachte das Herz damit wieder zum Schlagen. Die Hündin Teka bekam einen Preis für Tapferkeit von Haustieren. Das ist sehr lobenswert, allerdings hat Teka durch ihren Einsatz der Sache der Haustiere einen Bärendienst erwiesen. Reichte es früher, mit dem Schwanz zu wedeln und Männchen zu machen, werden Käufer jetzt viel mehr von ihrem Hund erwarten. Züchter berichten von erstaunlichen Fragen wie: »Kann der Hund auch Operationen durchführen?« oder »Was macht der Pudel, wenn ich einen Schlaganfall habe? Kann er blutverdünnende Maßnahmen einleiten?« Einen Golden Retriever ohne Führerschein und Promotion wird man demnächst gleich einschläfern lassen müssen. Wehmütig erinnert sich mancher an seinen Dackel, der ihm die Pantoffeln und die Zeitung brachte. Diese Fähigkeiten genügen heutzutage kaum noch. Jetzt sollte der Hund die Zeitung am besten selbst geschrieben haben. Sogar Kampfhunde sind ohne einen Abschluss in Zerfleischender Religionswissenschaft nicht mehr verkäuflich.

Krokodilarten

Wissenschaftler der University of California in Davis versuchen neue Erkenntnisse über kindliche Ängste zu gewinnen. Viele Kinder wollen bekanntlich abends nicht schlafen gehen, weil sie befürchten, dass sich unter dem Bett ein Krokodil oder ein Monster versteckt hat. Die amerikanischen Forscher beobachteten mehrere Jahre lang über 2 000 Kinderbetten. Sie stellten Kameras und Nachtsichtgeräte auf und installierten Fangschaltungen. Die Ergebnisse sind aufsehenerregend. Unter 22 Prozent der Betten lagen tatsächlich Krokodile. Die Tiere lebten dort teilweise seit Jahrzehnten und ernährten sich von Holzspielzeug und alten Batterien. Wie sie dorthin kamen, ist noch nicht ganz klar. Monster wurden unter 47 Prozent der Betten gefunden. Die meisten sprachen Schwedisch, weil sie unter Ikea-Betten lagen. Diese Monster bezeichnet die Wissenschaft als Pressspandämonen. Bei den nichtschwedischen Monstern handelte es sich um Vermieter, die feststellen wollten, ob unerlaubt Haustiere oder Kinder gehalten wurden. Die Vermieter ernährten sich von alten angelutschten Bonbons oder von dem Krokodil, das vorher dort gelegen hatte.

Uhuarten

Aus einem Bericht der Regierung zur Lage der Natur in Deutschland geht hervor, dass der Uhu nicht mehr zu den gefährdeten Arten gehört und damit aus der Roten Liste gestrichen werden konnte. Das klingt erfreulich, doch was bedeutet diese Information? Es gibt im Moment noch genug Uhus, aber bald wird es mehr als genug Uhus geben, es ist schon in wenigen Jahren mit einer wahren Uhuplage zu rechnen. Die beginnt scheinbar harmlos. Erste Uhus werden in Vorgärten gesichtet, wo man sie zunächst noch als romantisches Accessoire empfindet. Doch der Uhu gibt sich natürlich nicht mit Mäusen und Ratten zufrieden. Zwergkaninchen, Katzen und Hunde bis Riesenzwergpudelgröße bereichern bald seinen Speiseplan. Mit den Jahren werden sich aufgrund der guten Ernährungslage immer kräftigere Exemplare herausbilden. In den Horsten findet man Überreste von kleinwüchsigen Zeitungsausträgern, Zweitklässlern sowie Rentnern, von denen nur noch die Rollatoren übrig geblieben sind. Der Uhu wird schließlich zur Jagd freigegeben, und am Ende liegen in den Supermärkten Suppenuhus, Bratuhus und Uhueier aus Freilandhaltung.

Paarungsarten

Männer verwechseln Freundlichkeit bei Frauen häufig mit sexuellem Interesse und interpretieren umgekehrt eindeutige erotische Signale als reine Nettigkeit. Sie begreifen die weibliche Körpersprache einfach nicht, wie US-Psychologen herausfanden. Man muss sich durchaus wundern, dass es überhaupt noch zu fortpflanzungsähnlichen Handlungen zwischen Männern und Frauen kommt, denn entweder holen sich Männer einen Korb, oder sie ergreifen ihre Chance nicht. Diese Instinktlosigkeit könnte bald zum Aussterben der Art führen. Man kann aber daraus auch schließen, dass Männer und Frauen gar nicht zur gleichen Art gehören und jahrtausendelang völlig aneinander vorbeigebalzt haben. Es gibt vielleicht ganz andere Arten, die viel besser zueinander passen würden. Frauen verstehen sich in der Regel hervorragend mit Schuhen, ähnlich wie Männer und Autos. Was die Fortpflanzung anbelangt, vermutet man, dass sich Schuhe durch Zellteilung im Schrank vermehren. Wenn aber ein Mann und seine Limousine sich sehr lieb haben, könnte daraus, so glauben Wissenschaftler, ein Kleinwagen oder ein Baby mit Seitenaufprallschutz und Allradantrieb entstehen.

Bahnschafarten

Die Bahn kommt nicht aus den negativen Schlagzeilen. Nachdem ein ICE in einem Tunnel bei Fulda in eine Schafherde gerast war, bescheinigt ein Untersuchungsbericht dem Unternehmen nun mangelhaftes Katastrophenmanagement. Es wundert natürlich niemanden, dass die Rettungskräfte erst mit großer Verspätung eintrafen, doch dabei blieb es leider nicht. Den Passagieren im Unglückszug wurde zunächst vorgegaukelt, es handele sich um einen außerplanmäßigen Halt in Fulda, dort sei es immer sehr dunkel, ein Ausstieg lohne sich daher nicht. Geschmackloserweise hieß es in einer ersten Durchsage wörtlich: »Soeben ist unser mobiler Lammfleischverkäufer zugestiegen, wir bitten um Beachtung.« Im Bordbistro des Unglückszuges wurden die Preise sofort nach dem Unglück verdreifacht. Wer mit den Rettungszügen aus dem Tunnel fahren wollte, musste eine neue Fahrkarte mit Sonderzugaufschlag lösen. Besonders blamabel für die Bahn: Die Schafe, die das Unglück ausgelöst hatten, waren kurz vorher aus einem vorausfahrenden ICE auf offener Strecke ausgesetzt worden, weil die Zugbegleiterin die Gruppenkarte der Tiere nicht akzeptieren wollte.

Religionszugehörigkeit von Haustieren

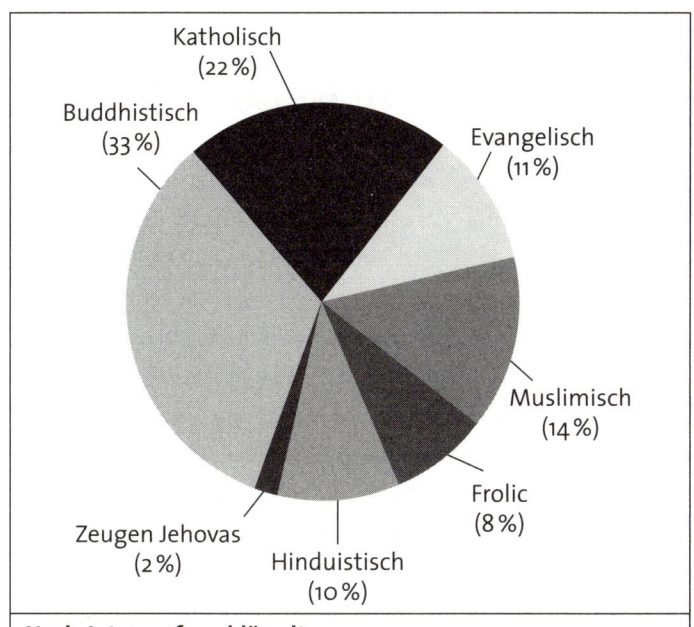

Katholisch
(22 %)

Buddhistisch
(33 %)

Evangelisch
(11 %)

Muslimisch
(14 %)

Frolic
(8 %)

Zeugen Jehovas
(2 %)

Hinduistisch
(10 %)

Nach Arten aufgeschlüsselt

Pudel:	95 %	Zeugen Jehovas, 5 % Russisch-Orthodoxe
Kühe:	100 %	Hinduisten
Ziegen:	80 %	Muslime, 18 % Satanisten
Esel:	98 %	Protestanten
Goldfische:	88 %	Buddhisten, 12 % Katholiken
Zwergkaninchen:	91 %	Katholiken (über 60 % davon glauben an die unbefleckte Empfängnis)

(Quelle: Statistisches Bundesamt)

Der Autor

Die Entstehung von Hans Zippert ist das Ergebnis einer Energiekrise bei den Stadtwerken Bielefeld im Sommer 1956, eingeschult wird er 1963, kurz vor Ende der Berlinkrise. Sein Abitur macht er 1978 genau zur Zeit einer dramatischen Krise der amerikanischen Schweinezüchter. Aus Anlass der schwedischen Bankenkrise wird er zum Chefredakteur bei »Titanic« ernannt, während der Russlandkrise 1999 beginnt er seine Tätigkeit als Kolumnist (»Zippert zappt«) bei der »Welt«. Er hat bis heute 423 offizielle Krisen überlebt sowie über 800 unbekannte und berät die Bundesregierung in den wichtigsten Krisensituationen, ohne dass die auf ihn hören würde.